Desde El Lugar De La Prueba

Principios de fe para caminar con esperanza
en tiempos difíciles

Ivelisse Santiago

Desde El Lugar De La Prueba

Principios de fe para caminar con esperanza en tiempos difíciles

Todos los Derechos Reservados © 2024 por Ivelisse Santiago

ISBN: 979-8-89619-643-3

Edición: José Luis Navajo (Ágora Literaria)

Diseños: Benny Rodríguez (My360Designs.com / AcademiaDeAutores.com)

Categoría: Vida Cristiana, Esperanza & Sanidad

¡En los lugares más oscuros de nuestras vidas dejémosle brillar para levantarnos con mayor gloria y nuevos propósitos divinos!

Dedicatoria

Dedico este libro *"Desde el Lugar de la Prueba"* a mi más grande amor, mi Señor, quien ha escrito cada uno de mis días con su amor infinito y atención al detalle, con propósitos divinos.

A mis padres, quienes me criaron en amor y en sabiduría me guiaron en el camino hacia Jesús. A mis hermanos biológicos, con quienes recorrí mi infancia y me acompañaron en el camino.

Al amor de mi juventud y compañero de viaje, mi esposo, José, cuyo fiel amor y complicidad han sido un pilar constante en mi vida.

A mis hijos, mi herencia preciosa en Jehová, que han llenado mi vida de honra y alegría, coloreando así mis páginas con los más hermosos matices.

A mis pastores, el Apóstol Nixon Cruz y Margarita Ginel, quienes nos han guiado en la fe y han confiado en nosotros para ser guardianes de la visión y misión divina.

A la familia de Casa de Adoración Jabes, nuestros compañeros en esta jornada, que enriquecen nuestra vida espiritual y nos fortalecen como parte del cuerpo de Cristo.

Y a ti, querido lector, deseándote que en la travesía de este libro puedas encontrar a Dios de la manera que tu corazón necesita, para que pases a vivir de las tinieblas a su luz admirable y camines preparado para el ministerio al cual Él te predestinó y llamó con amor eterno.

En memoria de:

Melvin Casablanca 1974-2020

Teresa de Jesús 1939-2022

Contenido

Prólogo   IX

Introducción   XIII

1. ¡El Capítulo de la Biblia del que Nadie me Habló!   1

2. Transición del ¿Por Qué? al ¿Para Qué?   9

3. Recuperando mi Descanso Mediante el Diseño de Su Gracia   17

4. Sanidad A Través de la Adoración (Parte I)   27

5. Sanidad A Través de la Adoración (Parte 2)   39

6. Unidos a Él y Testificándole al Mundo   45

7. ¿Andarán Dos Juntos, Si No Estuvieren de Acuerdo?   55

8. Más Riquezas en el Libro de Amós   61

9. Cuando Tu Fuego Se Apaga Arde la Llama de Dios   67

10. ¿Cómo Se Aviva el Fuego?   75

11. Moviéndonos en Obediencia para Encender Su   79
    Fuego

12. Sanando Heridas para Afirmar los Pasos   85

13. La Intención del Corazón   97

14. Llevando la Aflicción Pasajera Hacia la Revelación de   105
    Su Luz Admirable

15. ¡Caminando por Nuevos Pastos Verdes!   109

16. Conquistando Desde la Mente de Cristo   119

17. Caminando en Sus Lugares de Bienestar   125

18. Cuando su Mentira se Vuelve Nuestra Verdad   129

19. Como Pensé, Me Aconteció   137

20. Todo se Sujeta a Él   147

21. Caminando en Desaciertos Hacia Su Luz Admirable   155

22. Espacio para Escuchar Su Voz   165

23. Epílogo   169

24. Acerca de la Autora   171

25. Referencias   173

Prólogo

Las siguientes palabras son las que utiliza Ivelisse para abrir este libro:

"¿Dónde es probable que un libro como este cobre vida? Sin duda, en la fragua del Divino Herrero. El lugar de la prueba es una previsible, a la vez que increíble plataforma de lanzamiento para una nueva asignación divina, ¿no te parece? Y es que, en lugares como estos, en los que la tempestad impera, suele ocurrir que su luz resplandece con mayor esplendor. ¡A mayor niebla, mayor refulgencia de Su Gloria!"

Con este esperanzador mensaje, la autora abre esta obra y pone de relieve una verdad muy importante: *La adversidad puede convertirse en la gran oportunidad, y el dolor puede erigirse en el más sabio maestro.* Estoy convencido de que el Divino Herrero solo coloca sobre el yunque aquellos utensilios que tiene previsto utilizar.

"La Fragua del Divino Herrero", que Ivelisse menciona en este libro, es el lugar donde Dios prepara a quienes usará para bendecir al mundo y llevar gloria a Su Nombre. Por eso creo firmemente que los golpes que experimentamos sobre el yunque de Dios, no nos destruyen, sino que nos construyen. No nos deforman, sino que nos dan forma.

En las páginas que siguen, Ivelisse abre su corazón, desabrocha su alma y nos comparte una parte de su historia. No lo hace con la intención de ser vista, sino de ayudarnos a ver. Cada capítulo es una lámpara que arroja luz en el camino de quienes amamos a Dios y deseamos servirle. En cada una de las líneas que redacta, la autora nos muestra la manera en que Dios trabajó en su vida, a través de procesos dolorosos, pero que concluyeron en bendición y victoria.

Te animo a sumergirte en la lectura de este libro con expectativa e ilusión. Seguramente se convertirá en una hoja de ruta que te guíe a través del desierto que pudieras estar transitando; o tal vez sea el mapa del tesoro que te permita descubrir la riqueza que hay oculta en el valle de la prueba en el que ahora estás.

Este libro consta de veintiún capítulos testimoniales en los que Ivelisse nos invita a mirar a Dios con fe y esperanza. Cada uno de estos capítulos son un dedo índice que apunta al trono del Señor, invitándonos a descansar en Él, adorarlo y luego testificarlo al mundo. Me encanta que el libro termina con una invitación para quienes no están seguros de su salvación. De este modo, la autora nos enseña que el mayor tesoro que podemos alcanzar es la vida eterna junto a Dios, y que después de alcanzar la salvación, lo más sabio es compartirla con el mundo.

Gracias, apreciada Ivelisse, por volcar tu alma en estas páginas y por permitirnos disfrutar de tu sabiduría. Estoy seguro de que cada lágrima que has derramado se convertirá en pañuelo de consolación para quienes hoy lloran.

Querida lectora y querido lector...Bienvenidos a un viaje apasionante que les acercará al corazón de Dios.

José Luis Navajo
Pastor y autor

Introducción

Una pregunta que me hacen es: ¿Cuándo y dónde nació este libro? ¿Dónde es probable que un libro como este cobre vida? Sin duda, en la fragua del Divino Herrero. El lugar de la prueba es una previsible, a la vez que increíble plataforma de lanzamiento para una nueva asignación divina, ¿no te parece? Y es que, en lugares como estos, en los que la tempestad impera, suele ocurrir que su luz resplandece con mayor esplendor. ¡A mayor niebla, mayor refulgencia de Su Gloria! Así que ya sabes el dónde, déjame que te explique el cuándo...

Veinticinco de diciembre

Un día glorioso para cuantos celebramos el nacimiento de Jesús. Es cierto que conocer la verdadera esencia de esa festividad, unida a la presencia de su Espíritu, convierten ese día en una jornada sin igual. Una mañana que exhala gratitud por su nacimiento, se hizo hombre para morir, pero sigue siendo Dios para salvar.

Una jornada que enfrentamos con la expectativa de recibir solo buenas dádivas del cielo y compartirlas con nuestros seres amados. Un amanecer que se disfruta entre risas, abrazos y besos... Y, por supuesto, regalos que obsequiamos a quienes tanto amamos.

Es un día en que las sorpresas adquieren mayor relieve al ser dadas en un momento de conmemoración a nuestro querido Jesús. Lo especial de la jornada se respira en la atmósfera, impregnada del amor de nuestro Dios por nosotros, que llena la habitación donde está nuestra familia.

Ese día despertamos como cada mañana de Navidad, con nuestras hijas gritando por toda la casa:

- *"¡Ya es Navidad, despierten todos!"* - decían

Sin dejar de gritar saltaban en nuestra cama y se lanzaban sobre nosotros para despertarnos. Luego corrían al cuarto de su hermano y tocaban a la puerta, exclamando:

- *"¡Kevin, despierta que es Navidad, vamos a abrir los regalos todos juntos!"* – decían con emoción

Enseguida estábamos todos despiertos, y tras asearnos en el baño, nos reuníamos en la sala. Una oración de gratitud a Dios y ¡a escoger los regalos!

- *"¿Para quién será este?"* – me pregunté

Identificado el destinatario, se lo entregábamos y empezaba el juego de adivinar qué sería.

Aquel día el mágico momento se vio interrumpido por la inesperada aparición de una terrible tormenta emocional. Llegó en una voz trémula, quebrada por la tristeza:

- *"¡John!"* - reclamaba desde la calle esa voz que chorreaba aflicción, pero sonaba fuerte – *"¡John!"* - volvía a llamar de nuevo.

Al instante mi corazón comenzó a latir más fuerte, pues percibía los vientos de tormenta por venir.

- *"¡Voy!"* - respondió mi esposo precipitándose al balcón.

En la calle estaba un familiar cercano, pero lejos de expresarle un *"¡Feliz Navidad!"*, solo pudo mirarle con la desolación en su rostro.

Esa mañana de Navidad el cielo se tornó gris, al poder ver a aquella mujer temblorosa y con un rostro demudado por el ataque que el enemigo había levantado contra ella. Me resistí a aceptar que eso ocurriera justamente esa mañana. Todavía en el salón y junto a mis hijos, clamé intensamente en oración, mientras repetía en mi corazón: *"¡que no sea nada grave, al menos no hoy, por favor, Dios!"*. Pero los vientos de tormenta se habían desatado y azotaban con fuerza.

- *"¡Cristina, ven un momento!"* - me llamó desde el balcón mi esposo.

Por las voces que llegaban desde la calle, supe que ese momento lo cambiaría todo; rápidamente recogí algunas envolturas de regalos, lo deposité en el zafacón, mire a mis hijos y les dije: *"¡Vuelvo enseguida!"*

Y salí al encuentro. Sin preguntar nada al respecto, comencé a escuchar a María hablar. Ella, fuera de sí, se agarraba con fuerza la piel de sus brazos y con la desesperación, impregnando su voz, gritaba:

- *"¡Mira como estoy! ¡Estoy en los huesos!"* - lo repetía, presa de un acceso de temor y aflicción – *"¡No he comido en días, no puedo ni siquiera caminar!"*

Un solo vistazo a María, una mujer corpulenta y fuerte, denotaba que lo que gritaba carecía totalmente de sentido. La abundante carnosidad de sus brazos hacía imposible ver los huesos que señalaba.

- *"¡Anoche tomé mi almohada y me la coloqué sobre mi cara y apreté fuertemente sobre ella! ¡No quiero vivir!"* - gimió.

Aquel aguacero se desplomó sobre nosotros, calando el alma. Teníamos delante un grito desgarrador que nos helaba, y al que no sabíamos cómo responder.

Intentábamos asimilar la situación a la vez que intentábamos transmitirle ánimo y normalidad. Todos nuestros esfuerzos chocaban contra aquel muro de mentiras que ella convirtió en verdades y que el enemigo había levantado en su intelecto. Mi marido y yo teníamos delante un gran andamiaje del enemigo, junto a un sentimiento de impotencia, al no tener la más mínima idea de qué hacer.

Alcé un clamor: *"Padre, guíanos para ayudarla, por favor, concédenos las herramientas necesarias y abre el camino".*

Como recordarán, esta situación detonó un veinticinco de diciembre, festividad en la que muchas instituciones médicas estaban cerradas, lo que dificultó aún más trabajar con ello. Percibí con claridad que el temor de aquella mujer quería instaurarse en nosotros de igual manera, pero por la gracia de Dios permanecíamos anclados en su verdad y no le dimos paso.

Pasados unos minutos ella quiso regresar a su apartamento y recostarse en su cama. Mi esposo y yo volvimos a nuestro hogar y comenzamos a charlar. Nuestros hijos continuaban en la sala, pero sus rostros denotaban preocupación y tristeza por lo que le acontecía a María.

Ninguno sabíamos qué hacer, pero estábamos convencidos de que era imprescindible actuar ante una manifestación tan evidente de un grave desequilibrio en la salud mental de María. Sentíamos que teníamos su vida en nuestras manos.

Pedí a mi marido que me hablase sobre lo que ella le había estado compartiendo en esos últimos días, intentando localizar el detonante de aquel severo ataque de depresión. Entonces, supe detalles. María llevaba dos meses manifestando indicios de una depresión incipiente. Su conversación se remitía de manera constante a episodios tristes del pasado: rememoraba muertes acaecidas años atrás en miembros de su familia, e incluso trajo al presente la separación de su cónyuge.

Tal vez has escuchado la máxima de que *"depresión es un exceso de pasado, y ansiedad es un exceso de futuro"*. Es por ello que la Biblia dice: *"Basta a cada día su propio mal"*.

Navidad en el hospital

Mi esposo siguió dándome detalles acerca de los frecuentes episodios de ansiedad y depresión que padeció su familiar, incluso cuando él era un niño, y posteriormente en su juventud.

Era evidente que María llevaba demasiados años arrastrando una vulnerabilidad extrema ante la depresión, y ahora, al parecer, había explotado. El relato de mi esposo, que yo desconocía totalmente, me lleno de tristeza. Imaginé a su cónyuge, intentando ayudar a su esposa, pero sin disponer de las herramientas necesarias para ello.

Ella, al parecer, no sabía manejar las pérdidas, ni cerrar ciclos. Lo cierto es que ningún ser humano está preparado para perder a un ser amado, pero teniendo nuestra mirada y confianza en Dios podemos caminar por los procesos sanando saludablemente.

Ahora, teniendo ya un panorama más amplio, pedí a Dios que abriera el camino. Con el objetivo de buscar ayuda profesional, solicité a mi esposo que autorizase a contar la situación a las personas precisas, y este me lo concedió.

Comencé por el consejo pastoral, en concreto con mi pastora. Como ella no se veía con las herramientas adecuadas, me refirió a otra pastora que tenía experiencia y conocimiento sobre ese tipo de situaciones. Así que llamé, y resultó ser una provisión del cielo. Esta pastora intervino en medio del caos; puso una fuerte columna de fe sobre mi cabeza, haciéndome sentir respaldada por el cielo, y trajo paz. Esta nos dirigió hacia el siguiente paso y nos brindó información para recorrer el delicado camino con más conocimiento.

¡Gloria a Dios por esas personas que, sin importar el día en que acontezcan los derrumbes, nos atienden con empatía, reconociendo quiénes son en Dios, convirtiéndose en la extensión y provisión del cielo!

En tanto que crecíamos en conocimiento y hacíamos acopio de recursos, volvimos a tratar con María y la lucha se mostraba encarnizada. No quería salir de su habitación y aunque expresaba sentirse mal de salud, no quería que la lleváramos al hospital.

Continuamos negociando con ella y aunque la frustración quería llevarnos a la derrota, continuábamos con la lucha.

Sus pensamientos, sumidos en la mentira, le decían que no podía caminar, por lo que ni al auto lográbamos acercarla. Finalmente, en un esfuerzo colaborativo de toda la familia, logramos convencerla y entre todos la levantamos, mi esposo la llevó de la mano y la montamos al auto para llevarla al hospital.

Subirla al automóvil supuso una lucha que nos dejó extenuados, y tan solo era el comienzo de una larga jornada de prueba.

Ya en las instalaciones hospitalarias, la ayudamos a acceder en silla de ruedas. Todavía era veinticinco de diciembre, una jornada festiva, pero indeciblemente triste, en la que nos tocaría aguardar largas horas en la sala de emergencias.

Tras una espera interminable comenzaron a atender a nuestra querida María, basándose en los síntomas físicos qué ella decía experimentar.

Ya acomodada en un cubículo en el área de emergencias, María permanecía callada y seria, acompañada de mi esposo, quien la acompañaba en esa silla incómoda que le otorgaban al acompañante del paciente. Mientras, yo esperaba en la sala de afuera, anhelante de recibir alguna información, y hablando por teléfono con mis hijos y con mi hermana, para que estuvieran al tanto de lo que acontecía.

Aunque solo se permitía un acompañante por paciente, necesitábamos estar los dos por un momento. Finalmente, me autorizaron acceder, solo por un momento, junto a mi esposo y a María. Me quedé junto a ella para que él pudiera contar todo lo sucedido a una enfermera sin que María escuchara, pues ella le había encarecido que a nadie contase lo acontecido con sus crisis depresivas.

Tomé asiento junto a ella, pero no me dirigía la palabra, estaba totalmente enmudecida. Su mirada era diferente, parecía otra persona. Me miraba con coraje y bien sería. Pensé que estaba molesta por mi compañía, pero de igual manera actuaba mientras mi esposo le acompañaba.

Si bien ya había expresado su descontento por estar allí, mostraba su enojo con todo su ser. Rompió el silencio solo para preguntarme adónde iba mi marido, John. A lo que le contesté que llevábamos muchas horas allí y él necesitaba ir al baño y caminar un poco, pues sus piernas estaban entumecidas. Sin importarle la lógica de mi argumento, se mostró molesta, liberó una especie de gruñido de disconformidad y volvió a su silencio.

Mi marido se había dirigido con discreción al control de enfermería para dar a conocer sobre aquella expresión preocupante que María nos había compartido, referida a su deseo de terminar con la vida. Ella, aunque no quería hablar, se mostraba atenta a todos nuestros movimientos.

- *"¿Qué hace John allí?"* - inquirió al ver que estaba hablando con las enfermeras – *"Seguramente necesita alguna información de horarios o algo parecido"* - dije con toda naturalidad.

Volvió a mostrarse molesta, por lo que exhibió su malestar en un gruñido y volvió a enmudecer. Mi esposo pudo comunicarse con una enfermera y le relató todo lo sucedido. Esa profesional lo compartió con otra y enseguida activaron un protocolo previsto para ese tipo de casos.

Cumplir con el proceso implicó esperar por una entrevista que una trabajadora social le haría a María. Del resultado dependería su ingreso y posterior traslado a una institución en la que podrían tratarla con psicólogos profesionales.

Así cerrábamos aquel extraño 25 de diciembre, con los regalos a mitad de abrir y un cúmulo enorme de acontecimientos. No hubo celebración en la calidez de nuestra familia; continuábamos preocupados por la salud física y mental de María y tanto mi esposo, como ella, pasarían la noche en el hospital en espera de la trabajadora social que haría la entrevista a María. Ya en casa reflexioné en que era la segunda vez que pasaba una celebración navideña en un hospital. La vez anterior fue con motivo del nacimiento de mi segunda hija, es decir, una estancia en la clínica que alumbró vida.

Ahora era por la razón de un familiar cercano, María. No lo sabíamos entonces, pero también esta vez habría una gestación en el hospital: una nueva vida de plenitud en comunión con Dios se forjaría en mi ser, para mi propia bendición y la de otras vidas. Era un nuevo comienzo, pero no lo sabía aún.

26 de diciembre

El amanecer del 26 de diciembre solo reveló que los vientos de tormenta seguían estacionados sobre nuestro hogar. Era una jornada muy especial para nosotros, ya que nuestra hija menor cumplía diecisiete años.

La abracé con cariño esa mañana y le dimos su obsequio de cumpleaños. Intentamos que prevaleciera la alegría, pero la atmósfera estaba impregnada de preocupación y algo de tristeza por la situación que vivíamos. Pronto me dirigí al hospital con la esperanza de que allí nos aguardase alguna buena noticia; lamentablemente no hubo ningún cambio durante la noche. Relevé a mi esposo para que él pudiera ir a nuestra casa y bañarse, comer algo y felicitar a nuestra hija en su día.

El tiempo pasaba lento... ¿Te has fijado que en los hospitales el reloj parece detenerse? Todo indicaba que pasaríamos otro día junto con su noche, en el hospital. Mi hermana buscó a mis hijos y junto con los suyos fueron a celebrar los dulces diecisiete años de nuestra amada hija menor. Ese gesto sirvió para que nuestra hija disfrutase de su día de cumpleaños, aunque es evidente que no fue como debería haber sido, pues no pudimos estar con ella para acompañarla.

No pude evitar tener cierto sentimiento de culpa, como si le hubiéramos fallado, e imaginando la tristeza que debía haber en su corazón. Pero tuve que sacudirme esas tóxicas emociones; no podía permitir que las circunstancias me hicieran sentir culpable cuando ninguno de nosotros podía tener el control de los acontecimientos.

En definitiva, fueron días en los que ese sabor agridulce se negaba a apartarse del paladar de nuestra alma. La separación de la familia en días tan especiales, la incertidumbre en lo relativo a la salud de nuestro familiar, María y los sinsabores propios de la vida continuaban nublando nuestros días.

Así pasamos el segundo día con su noche en el hospital, y en todo ese tiempo no llegó ninguna trabajadora social, requisito imprescindible para determinar el destino de María.

27 de diciembre

El tercer día, ocurrió algo increíble. Administraron a María un medicamento por vía intravenosa, al parecer tenía la función de relajarla. El resultado fue que actuó como *"suero de la verdad"*, pues de pronto, esa mujer que se había negado a hablar desde hacía tiempo y que actuaba con total hermetismo... Aquella mujer que se veía tan distante y enojada con la vida, que negaba el diagnóstico de depresión con todas sus fuerzas, de pronto rompió el silencio de aquel frío cubículo y comenzó a hablar de forma imparable. Entre las múltiples cosas que dijo estuvo el aceptar que estaba en el hospital porque le había dado una fuerte depresión. Comenzó a hablarle a su vecino de cubículo, contándole todo lo acontecido en esos tres días en el hospital. Lo contaba con lujo de detalles.

Yo no podía creerlo. A juzgar por la manera pormenorizada como relataba los acontecimientos, aunque en las jornadas pasadas pareció estar ausente, estuvo consciente de todo el proceso. Tantos días intentando hacerle ver que estaba sumida en un proceso depresivo; tras largas jornadas soportando su silencio que nos hacía sentir ignorados por ella y percibiendo todo a través de sus ojos de disgusto... Todo eso desapareció en pocos minutos cuando le aplicaron ese medicamento. Cuando pasó la enfermera, le pedí que me dijera el nombre del medicamento que le habían administrado, pues ni mi esposo ni yo lográbamos salir de nuestro asombro, y llegamos a pensar que se les había ido la mano con la dosis del medicamento, porque no se callaba ni un solo momento. Su estado de ánimo experimentó un cambio radical.

Para ese momento llegó la trabajadora social al hospital y pidió tener una conversación a solas con María. Como luego pudimos saber, en esa entrevista María respondió todo con normalidad, como si nada le aconteciera, pero, gracias a Dios, la trabajadora social detectó el cuadro de depresión, y finalmente María admitió lo que había dicho y hecho, por lo que fue referida a una institución de atención psicológica. Su primera reacción fue dudar si aceptaba recibir esa ayuda, pero finalmente lo admitió y fue ingresada en una institución para cuidado psiquiátrico.

Una vez ya allí la entrevistaron nuevamente y, si en el hospital aparentó estar bien, en esta institución interpretó un papel que la hacía acreedora de galardón a la mejor actriz: Habló como si nada estuviera aconteciéndole. Mi esposo y yo nos mirábamos con gran asombro a la vez que, con preocupación, pues si le negaban la ayuda, que realmente era la que necesitaba, no sabríamos qué más hacer por ella. Pero Dios nuevamente nos respaldó y abrió puertas en aquel lugar. Se dieron cuenta de que necesitaba ayuda y la ingresaron para someterla al adecuado tratamiento.

En el ojo de la tormenta

Durante los siguientes cuatro días intentamos recomponernos emocionalmente y centrar nuestros pensamientos en las promesas de Dios, a la vez que buscamos pasar tiempo con nuestros hijos. Salíamos de compras y nunca olvidábamos la lista de encargos que María nos hacía, claro está, teniendo en cuenta los requisitos limitadores del lugar. Visitábamos a María a diario, llevándole todo lo que pudiera hacer más agradable su estancia allí, pero tanto la situación como la atmósfera de aquel lugar nos afligía. Verla allí, bajo ese proceso, sin saber cómo seguiría, nos entristecía mucho. Había comenzado a ser tratada, pero no nos sentíamos del todo confiados por el ambiente de aquel lugar, ya que era un poco peligroso, pues había pacientes con cuadros más graves que el de ella y dormían en habitaciones compartidas.

En una de nuestras visitas, llegó un joven súper alterado gritando y dando manotazos a los que estaban a su alrededor. Inmediatamente, nos sacaron a todas las visitas al patio y cerraron una puerta. Una vez que el paciente se hubo calmado nos permitieron volver a entrar. Por esto y mucho más, nuestras oraciones por ella jugaban un papel muy importante, pues donde terminan nuestras fuerzas y límites humanos, la soberanía de Dios llega y trabaja a favor de sus hijos. Aun con ese sentimiento agridulce continuábamos adelante en fe.

Parecíamos estar en el ojo de la tormenta. Ese espacio donde sabemos que la tempestad sigue sobre nosotros, pero hay aparente calma, aunque sabemos que, al moverse el ojo, aparecerán de nuevo las fuertes lluvias y los vientos huracanados.

31 de diciembre

El último día del año tiene una connotación muy especial: es una ocasión de agradecer a Dios por lo vivido en los doce meses transcurridos, a la vez que inauguramos un nuevo ciclo con esperanzas renovadas; en nuestro caso particular, el 31 de diciembre es doblemente especial, pues otra de nuestras hijas, en esta ocasión la del medio, cumpliría sus 19 años. Por lo que hacíamos planes para recibir ese año y festejar a nuestra amada hija en su cumpleaños.

Estando envueltos en los preparativos, nuestro teléfono sonó; era una llamada de la clínica indicándonos que habían tenido una emergencia con nuestro familiar, María, y que debíamos acudir con prontitud al lugar. Solicitamos que nos dieran más información, pero indicaron que debían dárnosla en persona. Era evidente que el huracán se había desplazado, habíamos abandonado el ojo de la tormenta y de nuevo experimentábamos los embates de la tempestad.

Acudimos a la institución teniendo la mente abierta para el peor de los escenarios, ya que es de nuestro conocimiento que ciertas malas noticias no las comunican por teléfono. Ya en la clínica estuvimos esperando largos minutos sin noticia alguna. Cerca de nosotros había un cuarto donde atendían emergencias, y en el tiempo de espera vimos a varias personas entrar allí precipitadamente.

Una ambulancia llegó y los paramédicos entraron a la misma habitación. Varios minutos después nos llamaron. La circunstancia era que debido a un severo desajuste en los niveles de azúcar se hacía necesario trasladar a María al hospital, con el fin de estabilizarla. La ambulancia que vimos llegar tenía como objetivo trasladar a María al hospital; subí con ella al vehículo y al llegar al hospital el personal de la ambulancia me solicitó le informase sobre lo sucedido; tras escuchar mi relato quedó algo sorprendido.

- *"¿Solo fue un bajón de azúcar?"* - comentó. Debo informarle que cuando entramos al cuarto en donde la atendían, estaban practicando a su familiar reanimación cardiopulmonar...

Ni María ni ninguno de nosotros teníamos idea de lo que le había sucedido, pero sabíamos que Dios estuvo en control.

De nuevo se dio la circunstancia de pasar la noche de despedida de año y la celebración de nuestra hija en el hospital. Hablamos y ambos tomamos la determinación de no dejar que las circunstancias ahogasen nuestra fe bajo aquellas fuertes lluvias de tormenta; demostraríamos con fiesta que confiábamos en nuestro Señor. Sin embargo, lo cierto era que perdería otra celebración de una de nuestras amadas hijas. ¿Cuánto más nos robaría ese proceso? Imposible saberlo.

Los sentimientos de culpa reaparecieron por no poder estar presente y festejar la vida de nuestra hija, pero entre la tristeza y la frustración, decidí creerle a Dios y confiar en que todo obraría para bien. Yo acompañaría a María en el hospital, mientras que mi esposo estaría con nuestros hijos, familia y amistades cercanas celebrando en nuestro hogar.

Si yo estaba atribulada, imagínense cómo se sentía mi marido, pero era necesario que le animarán y que festejarán en grande la vida de nuestra hermosa hija. Por lo que encargué a mi esposo junto con una de las hermanas de la iglesia que coordinasen todo lo de la fiesta. Aquella noche, sentada en la incómoda silla de hospital, comencé a adorar a Dios por medio de cánticos y Él llenó mi corazón de paz.

Cuando se acercaba la hora de despedir el año, de igual manera aguardaba por teléfono junto a mi esposo para desearnos un buen año. Culminó el año y dimos la bienvenida a uno nuevo. Miré por el cristal del hospital y vi los fuegos artificiales qué lanzaban a los cielos por toda esa área. Dios buscaba que en medio de todo yo tuviera esos hermosos detalles que mostraban su amor. Cabe mencionar que, en la misma habitación, en el otro cubículo, se encontraba una anciana que constantemente emitía ruidos, algunos de momento parecían como si se ahogara y cuando no era eso emitía quejidos. La revisé en varias ocasiones y vi que estaba bien.

Con una oración a Dios de agradecimiento y proclamando su bendición para un nuevo año, cerré esa despedida, con la esperanza de entrar en nuevas promesas para mí y para mi casa. Con música de adoración y relajación en mis oídos logré dormir un poco.

1 de enero

María se estabilizó y regresamos en ambulancia a la institución psiquiátrica. Una vez allí, recalcamos la importancia de que le administraran los medicamentos que en el hospital le habían pautado.

Tal vez les parezca algo común o llevadero, pero la realidad era que el proceso resultaba agotador. Esta enfermedad por la que atravesaba nuestro familiar exigía todo de nosotros, es abrumador tratar de hacer ver a alguien que el mundo está lleno de bondad y oportunidades que nos brinda Dios cuando la persona está encerrada tras un muro de mentiras que ha entretejido con el pasar del tiempo con las artimañas del enemigo.

Cuando hacen de estas fortalezas su verdad, necesitan más que un psicólogo o pastillas, necesitan una intervención divina, un encuentro con Dios y una operación del Espíritu Santo para, desde ahí, comenzar a operar y vivir. Se ve sencillo, pero no lo es. Es imprescindible conocer a Dios, para que la ansiedad disminuya.

La mente es el lugar que siempre intenta gobernar el enemigo junto con nuestro corazón, porque a partir de ahí son guiados nuestros pasos y hacemos nuestras obras. Por eso la depresión es una de las enfermedades más frecuentes de nuestro tiempo, pues el enemigo anda como león rugiente buscando a quién devorar. Y una mente envuelta en mentiras del enemigo no quiere luchar y ve inútil cualquier esfuerzo.

Para poder operar en este ámbito siempre entro en alabanza, dando gracias por todo lo que ha hecho Dios. Luego viene la adoración del alma, esa que le adora porque reconoce quién es Dios para tu vida. Y entonces vamos a esa oración ya transicionada para que sea efectiva.

Por si desconocen, hablo de esa oración que transicionó a la comunión, de ahí a la intimidad, luego a la profundidad, despertando al intercesor y parándonos en nuestra plataforma correcta en los cielos como embajadores de Cristo. Desde ahí hablamos con fe y autoridad delegada para enviar ángeles de su poder para pelear en las huestes celestiales a favor de los nuestros.

6 de enero

Llegó la celebración del Día de Reyes, y nos encontró con la esperanza y absoluta necesidad de recuperar fuerzas. Las circunstancias nos impidieron planificar ninguna celebración que requiriera desplazarse a cierta distancia, pues vivíamos pendientes de que nos llamasen de la institución.

Nuestra intuición fue acertada, pues ese mismo día llamaron para que la fuéramos a buscar. La grata sorpresa es que le daban el alta médica, estimando que se encontraba recuperada; acudimos a buscarla con alegría, aunque siendo conscientes de que eso implicaba una nueva jornada que no sería fácil.

Celebramos la festividad con ella en casa, a la vez tratábamos de compartir con unas amistades que nos visitaban ese Día de Reyes.

Mirándolo ahora con la perspectiva que el tiempo confiere a las cosas, veo cuán difícil era alimentar la fe y la esperanza a la vez que se trabajaba en medio de la tempestad. Una de las cosas que hacían más complicada la situación era la falta de empatía que en situaciones así se experimenta. Aun las personas de fe cristiana parecían ser un tanto indiferentes ante lo que nos acontecía. Un comentario que me dejó sorprendida fue el de alguien que preguntó:

- *"Pero, ¿qué es lo que ella tiene?"* – me preguntaron

- *"Depresión"* - respondí.

- *"¡Ja, eso no es na'!"* – me dijo

Pocas personas son capaces de entender lo que es tener una depresión grave. Los días se nos hacían extensos y extenuantes con todo lo que abarcaba el proceso. Podría estar casi segura de que los días tenían más de veinticuatro horas. Luchando contra el muro de temores de María, trabajaba en las estrategias que los psicólogos nos habían dejado. Motivarla para que lograra hacer aquellas simples cosas cotidianas era un inmenso reto cada día.

Habíamos estado mucho tiempo bajo los vientos de tormenta. Ya habíamos pasado varios meses, y su recuperación, aunque fue en aumento, resultó lentísima. Estábamos preocupados por ella, pero a la vez sentía que yo me secaba, que querían robar mi identidad, pues ya no podía ser yo en todo mi esplendor. Sentía que esa prueba había llegado con un letrero bien grande en su portada que decía: *"¡Llegué para destruirte!"*

Tras una jornada de arduo trabajo, regresaba a casa, a ayudar en la situación de todas las formas posibles junto a mi esposo. Ayudar a una persona a salir de la depresión, es más agotador y frustrante de lo que podamos llegar a imaginar.

Una de las cosas más alarmantes de esta enfermedad, es que trata de arropar también a los cuidadores. Sentía como esto buscaba examinarnos para ver si encontraba una ranura por la que filtrarse en nosotros y crecer. Pero donde Dios reina, no hay cabida para el temor, y así debíamos continuar, pero necesitábamos provisión del cielo.

Oasis

Tras una travesía tan larga y extenuante por el desierto que supuso aquel proceso, necesitábamos un oasis donde descansar y renovar nuestras fuerzas y, ya que no podíamos ni asistir a la iglesia, optamos por que la iglesia viniera a nuestro hogar. Solicité a nuestra pastora que nos visitaran, y a los pocos días llegaron. Supuso la refrescante visitación de Dios que nuestras almas tanto necesitaban. Cantamos todos juntos en armonía, oramos y la presencia del Señor llenó nuestros corazones y cada rincón de nuestro hogar.

¡Qué hermoso es ser abastecidos en medio de nuestras pruebas por la extensión de la calidez de los brazos de nuestros hermanos! ¡Son provisión del cielo para nuestras vidas!

Con fuerzas renovadas continuamos la batalla hasta poder ver con el pasar del tiempo la mejoría de nuestro amado familiar. Fue un año difícil, pero lleno de la presencia de Dios, y de sus bondades, manifestándose a favor de nosotros sus hijos.

Un año después

Algunos vecinos no entendieron como aquel día hubo fiesta. La realidad fue que no se acercaron a preguntar y cuando lo hicieron, usaron como excusa que entendían que María estaba bien porque hubo fiesta en la casa aquel día, pero no entendían todo lo que estaba aconteciendo. Había una familia luchando contra las artimañas que el enemigo urdió y que el temor le alimentaba, pero estábamos anclados en la verdad de Dios y veíamos en fe una victoria eminente.

Más que preocuparme por el qué dirían, me preocupé por lo que valía: Una familia de pie, luchando en fe, creyéndole a Dios y no a las circunstancias. Como bien dice el refrán, nadie sabe lo que hay en la olla más que la cuchara que la menea. Y nadie sabía que batallábamos en contra de espíritus malvados, pero nosotros sabemos el poder que conlleva creerle a Él por encima de las circunstancias, el poder de la oración y de la unidad en Cristo.

Yo necesitaba una familia de pie y nuestro familiar necesitaba a estos guerreros de rodillas por ella y firmes para continuar la batalla, por lo que decidimos creerle a Dios y por todo esto hubo fiesta aquel día. Aunque no pude estar presente, se celebró la vida de mi otra princesa, eso me dio fuerzas también en medio de aquella fría habitación.

La gente no veía que, en medio de todo el caos, prevalecía nuestro amor y nuestra creencia en nuestro Dios vivo y de poder. Nadie, salvo Dios, sabía todo lo que atravesábamos como familia, aún en medio de la fiesta, solo Dios.

Se camina en fe sobre la certeza de lo que se espera por encima de las circunstancias y luego se alcanza a ver el cumplimiento por designio divino. Aunque el camino fue largo y agotador, Dios siempre se hizo presente en medio y brindó oasis.

Un año después todo lo robado fue recompensado doblemente. Tuvimos a nuestro familiar mejor de salud, más calmada y estable que antes. Pudimos compartir las Navidades juntos en familia y nuestras hijas tuvieron dos celebraciones de cumpleaños cada una.

No solamente habíamos aprendido a luchar con este tipo de situaciones, sino que esa gloria que se radicó en nuestro testimonio de vida ahora existe para bendecir a aquellos que necesiten conocer a Dios desde la revelación de su persona que nos fue concedido conocerle.

Y como si fuera poco pude entender la voluntad de Dios para conmigo, cuando me guio a escribir desde la prueba todas las herramientas y aprendizajes que me mostró para poder guiar a otros, de igual manera que yo fui guiada hacia su luz admirable.

De eso que aprendí en medio de la tormenta quiero hablarte a partir de ahora.

1

¡El Capítulo de la Biblia del que Nadie me Habló!

Creo que a estas alturas ya debería haberme presentado, disculpa la descortesía y permite que lo haga ahora:

Mi nombre es Ivelisse Santiago Ramírez, hija de una humilde, a la vez que extraordinaria mujer, que siempre destacó por su bello corazón; ¿el nombre de ella? Teresa de Jesús, y mi papá fue un hombre de idénticas características, llamado Nicholás.

Nací un veraniego y luminoso 21 de julio, del año 1977, y mi lugar de nacimiento fue la hermosa isla caribeña de Puerto Rico. Soy penúltima de seis hermanos (el pequeño es solo de padre), y en mi niñez tuve el gran privilegio de conocer que cuento con un único Dios y Salvador gracias a mis padres que me mostraron el camino a Jesús desde temprana edad.

Bien es cierto que luchas diversas provocaron algún paréntesis en la perseverancia de mis padres en el camino. Mis mejores recuerdos, fuera de toda duda, corresponden a los tiempos cuando acudíamos a la iglesia.

Era en esos tiempos cuando se respiraba paz en el hogar; aunque no todo era perfecto, la presencia de Dios era perceptible en nuestro hogar y predominaba la armonía. Era en los tiempos de distancia de la iglesia cuando ciertos problemas asomaban y crecían.

A temprana edad tuve la convicción de que Dios me acompañaba en todo tiempo, así que le hablaba como quien habla con un amigo muy cercano y sin ápice de duda de que Él me escuchaba. Por supuesto que no le llegaba Su voz de forma audible, pero la certeza de que Él estaba era inconmovible.

Yo era muy tímida, pero siempre tuve la valentía de habitar en su presencia, aun cuando mis padres se alejaran de ella. Aunque nadie más en la casa le buscase, yo iba tras Su presencia. Buscaba cada ocasión de asistir a la iglesia, sin importar la denominación de la misma, asistía con quien pudiera llevarme, pues desde temprana edad sabía que Dios es el mismo donde quiera que yo fuere.

El único cambio estaba en las formas, pero esto para mí no presentaba problema alguno. No me importaba el ritual de la religión, ¡yo iba tras una relación!, y Él, en su inmensa misericordia, me la concedió desde pequeña. Aunque no lo veía, Él estaba junto a mí, y me escuchaba y cuidaba, era la fe de una pequeña con convicción, creciendo hacia sus propósitos divinos. Y bastó con la fe de esa pequeña niña, para en su juventud darle entrada al Espíritu Santo a su corazón.

Esa niña siguió creciendo y sus virtudes y defectos le acompañaban, pero también le acompañaba un favor y gracia divina para la que fue predestinada de antemano. Y bastó con la fe de esa pequeña niña, para, siendo ya una jovencita, darle entrada a su Espíritu Santo a su corazón, el cual la guiaría a un plan para su vida mayor de los imaginados por ella.

Desde que su creador la pensó, buscó darle lo mejor de sí mismo, así que tomándose Él como referencia, comenzó a entretejer todas las delicadas partes de sí, dentro del vientre de su madre, sin faltar nada en el diseño de su vida, escribió cada día de su vida y la registró en su libro.

¡Sí, nos registró en Su libro! Desde ese momento tú y yo formamos parte del mejor libro de la vida, lleno de bienestar, con los pensamientos y caminos más altos e imaginables de lo que nuestras mentes humanas pueden llegar a imaginar. Ahora solo dependería de nosotros el escoger vivir dentro de su diseño para nosotros cuando nos volviéramos a encontrar.

Es decir, cuando escucháramos hablar de Él y naciéramos en el espíritu para caminar a su lado en nuestros verdaderos diseños divinos o vivir una simple vida, solo para el disfrute de los placeres de nuestros cuerpos y sin propósitos divinos.

Si bien les mencioné que Dios se miró a Sí mismo antes de crearnos, tenemos que entender que hacernos a su imagen y semejanza implicaba ser semejantes a su Ser, en espíritu y eternidad, nos dio lo mejor de lo mejor, Su excelente Ser.

3

Por respeto a tu tiempo, debo dar un gran salto, con el fin de ubicarme en el instante en que, ya casada, una noche fui invitada junto a mi esposo y mi bebé a un culto que realizarían en un hogar. Fue allí, bajo una humilde marquesina, donde se hizo un culto para adorar el nombre de Dios, finalizando el mismo se hizo un llamado en el que Dios tocó nuestros corazones para hacer morada en ellos.

Fue un instante sagrado... Aunque estaba junto a mi esposo y con mi hijo en brazos, sentí que éramos solo Dios y yo, sentí la necesidad de correr hacia Él y fundirme en un abrazo. Así que, sin flaquear, con mi corazón bien determinado, accioné el depósito de mi fe y caminé sin mirar a nadie hacia la persona que hizo aquel llamado. Mi cuerpo estaba tembloroso, con lágrimas en mi rostro y con el corazón con palpitaciones tan intensas, tal así que sentí que saldría de mi cuerpo.

Allí abracé a Dios en fe.

¡Cuán glorioso fue ese momento! ¡Se podrán imaginar qué alegría tan inmensa tuve ese día que pude sentir su voz hablarme directo al corazón! ¡Ese día volví a nacer, esta vez en espíritu, y conocí el abrazo de mi más grande amor, mi Padre Eterno, del cual vivo enamorada y agradecida cada día de mi vida! También mi esposo le aceptó y se reconcilió con el Señor.

Vivo agradecida de que ambos estableciéramos una relación personal con Dios en el momento en que comenzábamos el fundamento de nuestro hogar. Pasaron los días, los meses, los años y cuanto más le buscaba, más le conocía y me enamoraba. Crecía en gracia y me guiaba por sus sendas con sabiduría, alcanzando la bendición de administrar un hogar ministerial para Él.

Enumeraré las riquezas de mi hogar: mi amado esposo, José Milán, quien ministra en el área práctica del sonido en la iglesia. Dios nos ha regalado tres hermosos hijos.

El mayor y primogénito, Janiel, quien se expresa con gran gracia al hablar, es quien ministra a través de la iluminación de luces, uniéndose así a la orquestación de la adoración de la casa y quien también se mueve en diversos servicios dentro del ministerio de Media.

Nuestra segunda hija, Nashira, quien con sutileza y dulzura toca el corazón de Dios con su adoración y alabanza a través de sus cánticos y las melodías del piano; colabora también como maestra, lidera el ministerio de banderas y danza con pasión.

Y nuestra hija menor, Valerie, una joven con gran júbilo y alegría del Señor, quien ama a los niños y colabora con el ministerio de maestros y de jóvenes. Su gran pasión es la danza, en la que participa con gracia, poder y autoridad.

Y esta humilde servidora, quien a través de los años ha fungido dentro de la iglesia como líder del ministerio de niños, maestra de discipulado, en la ministración en el altar y como escudera de nuestra amada pastora.

Son algunos de los ministerios en los cuales hemos servido dentro de la casa de Dios, pero fuera de ella continuamos extendiéndonos como sus hijos de luz, y en nuestra asignación más importante de la vida le llevamos en amor a donde quiera que vayamos. Somos una familia ministerial imperfecta que decide vivir *"perfeccionándose"* y creciendo en su amor.

¿Por qué tomé el tiempo para presentarme? Porque es mi deseo que puedas ver a través de las páginas de mi vida, ya que, al igual que tú, soy un libro abierto inspirado por Dios y con su aliento divino sobre mi vida.

Así como fui una simple niña que ignoraba la grandeza depositada en mí y los maravillosos planes a los que fui llamada, tú, mi querido lector/a, aunque veas que tus páginas son muy diferentes a las mías, ambas fueron llenas de propósitos divinos donde el amor, las bondades, la misericordia y el poder de Dios se hacen manifiestas.

Incluso en los momentos más difíciles, cuando nos sentimos menos merecedores de su perdón o presencia, vemos que nos recoge y nos levanta con más fuerzas. Bien dice la Palabra que nuestras vidas son una carta escrita por Dios, y estamos a la vista de cuantos la quieran leer.

¡Sí!, somos parte de su gran plan y para ver su luz en medio de cada proceso que se presente en la vida, debes creer que Dios es todopoderoso y anhela restaurar esa relación con su creación de Padre e hijo. Guiemos a esta nueva generación para que puedan entender que, ¡más que una religión, es ir tras una relación!

¡Eres un capítulo muy importante para Él! Formas parte del único evangelio que leerán quienes nunca pisarán una iglesia, y a través de tu testimonio de vida podrán ver el amor y las bondades de Dios. Tu vida es importante para Dios, eres amado y necesario, tienes un diseño único para llegar a otras vidas que escucharán o verán a Dios a través de ti.

¡Eres el capítulo que no se conocía hasta que abrazaste tú diseño divino y su gloria excelsa te alumbró para llevar a otros de las tinieblas a su luz admirable!

Referencias:

2 Corintios 2:2-3, Hebreos 11:6, 2 Corintios 3:6, Salmos 139:13-16, Jeremías 29:11, Isaías 55:8-9, 2 Corintios 4:7, Romanos 8:17

2

Transición del ¿Por Qué? al ¿Para Qué?

Cuando la prueba llega y la aflicción, sea del tipo que sea, toca a nuestra puerta, nuestro corazón se sume en una lucha. En la puerta de la mente se convocan todo tipo de incertidumbres, dando a luz una pregunta recurrente: ¿por qué? ¿Por qué ahora estoy pasando por esta situación?

En ocasiones la respuesta a tan resonante pregunta nos llega, pues a menudo vemos los propósitos de Dios en la lucha que vivimos, pero ¿y qué cuando la respuesta brilla por su ausencia? ¿Nos alejamos de Dios al instante? ¿Se tambalea nuestra fe?, o, por el contrario, ¿dejamos que las raíces de nuestra fe y confianza en Dios se arraiguen en la tierra de la prueba? ¿Optaremos por descansar en la certeza de que Dios está trabajando y nos conducirá a un puerto seguro?

Medita en ello, por favor: ¿Cuál acostumbra a ser tu postura? ¿Es la correcta y mejor para bendición de tus días? ¿Crees que podrías modificar tu actitud, enfocándote más a la unidad en Cristo y sus propósitos?

Mirando con detenimiento las pruebas que vivimos, encontré lo realmente importante en medio ellas: todas contienen un mismo fin en común. ¿Cuál es? ¡Qué se conozca a Cristo! ¡Ese propósito crea un gran crecimiento en nuestra vida!

El problema radica en que el crecimiento siempre conlleva cambios, y el cambio suele producir dolor, y eso no le apetece a nadie. Sin embargo, solemos decirle a Dios que nos permita crecer en Él y en Su gracia, y esto ocurre en medio de procesos que no podemos controlar por más que quisiéramos.

Pero es en tales situaciones dónde la intervención de su gloria es incuestionable. En el corazón de nuestra vulnerabilidad alcanzamos a hacer un silencio, para escuchar finalmente a quien nos ama sin medida y tiene las verdaderas respuestas que solo logramos escuchar con el oído de la fe.

En la altivez de nuestros altares de orgullo ensordecemos a su voz y no tendremos cabida para su espíritu, pero cuando tomamos la postura de humillarnos ante Él, nuestros límites humanos reconocen la necesidad de su soberanía, y es ahí donde se abre paso su gloriosa presencia.

Retornando al crecimiento, el cual es un tema amplio y fascinante, ¿qué tal si comparamos el crecimiento físico con el crecimiento espiritual?

Una sencilla descripción del crecimiento físico, basados en la teoría de la naturaleza humana, sería: *"un proceso biológico por el cual un niño aumenta de masa y tamaño a la vez que experimenta una serie de cambios morfológicos y funcionales, los cuales afectan a todo el organismo hasta adquirir el mayor crecimiento en el ser humano.*

Este tipo de crecimiento lleva un incremento numérico en nuestras células que llevan a nuestros órganos a madurar, así como un aumento en tamaño. Es medible y cuantificable. Este tipo de crecimiento depende de la capacidad que el organismo tiene para asimilar los nutrientes que se encuentran en el ambiente en que se desarrollan. A partir de la energía que nos brindan los alimentos al cuerpo, este lo utiliza para construir nuevas estructuras celulares". (1)

Así como nuestro ser físico está predestinado a crecer por naturaleza, es decir, se desarrolla por su diseño natural y se nutre para un mejor desarrollo, algo similar a este sucede en nuestro crecimiento espiritual: depende de una influencia en nuestras vidas, en este caso se da a partir de nuestra fe, conexión y relación con el Espíritu Santo que habita en nosotros. Aunque no es tan fácilmente medible o cuantificable, este crecimiento se da a conocer por los frutos que produce (Mateo 7:16-20, Marcos 16:17-18).

Estamos llamados a crecer, a madurar y a llegar, junto con nuestros hermanos, a la unidad de la fe y del conocimiento del hijo de Dios, a una humanidad perfecta que se conforme a la plena estatura de Cristo (Efesios 4:12-13).

Por eso es que Su palabra nos dice que ya no seremos como niños espirituales, sino que creceremos en todo como aquel que es la cabeza, Cristo. (Efesios 4:14-15)

Los cambios espirituales llegarán a medida que caminemos juntamente con su Espíritu Santo. Así como el cuerpo depende de los nutrientes que producen energía, nuestras vidas necesitan ser afectadas por el poder y la transformación del Espíritu Santo, quien nos hará fuertes guerreros del Reino de Dios que a su vez den fruto en lo eterno. El crecimiento físico se da de forma natural, de igual modo el espiritual. Es decir, todo ser humano tiene un depósito de fe, el cual, por su diseño divino, será llevado naturalmente al crecimiento. Por supuesto que este tipo de crecimiento llega a quien lo procure, anhele y esté dispuesto a nacer de nuevo. Ese lo alcanzará.

Todo ser humano tiene un fin, con propósitos eternos que superan a lo que el mundo nos quiere imponer con un disfraz de "un estatus correcto ante la sociedad y de placeres perecederos". Es fundamental que el velo que cubre nuestros ojos espirituales sea rasgado, para que le conozcamos a Él y no nos dejemos cegar por el orgullo de nuestros logros y posesiones.

Enfocados en lo temporal y efímero, nos perdemos de nuestros reales propósitos de vida y no es hasta que nos llegan las tribulaciones cuando damos comienzo al "¿por qué?", de todo. Con el discurrir del tiempo he ido conociendo a Dios a través de mis diversas pruebas y aunque me ha costado, aprendí a cambiar la pregunta.

Aunque, muy en el fondo del dolor, siempre quiere resurgir el ¿por qué?, entendí, que no se trata del porqué, sino ¿para qué? Y esa es una respuesta que sí conocemos.

Hablemos primero del ¿por qué?

Para quienes aún quieren saber la razón por la que atravesamos diversas pruebas, es necesario que en medio de ellas conozcamos a Cristo y este sea glorificado a través de nuestras vidas.

Fuimos creados para tener una relación íntima con nuestro amado creador y la misma fue interrumpida por medio del pecado. Por cuanto todos somos pecadores y fuimos destituidos de la gloria de Dios, es decir, de la relación original del hombre con Dios.

Sin embargo, en su gracia, Dios gratuitamente nos hace justos a sus ojos por medio de Cristo Jesús, quien nos liberó del castigo de nuestros pecados. Dios hizo que Cristo, al derramar su sangre, fuera el instrumento del perdón que se alcanza por la fe.

Así quería Dios mostrar cómo nos hace justos: perdonando los pecados, porque Él es paciente y justo, y por medio de Jesús nos hace justos. (Romanos 3:23-26) Nuestra relación con Él necesita ser restaurada para conocerle como nuestro único Dios y Salvador.

Al conocerle también conocemos quiénes somos. Es aquí, en la relación con nuestro Padre, donde nuestras vidas cobran sentido, son llenas por su presencia y nos alineamos a nuestros propósitos de vida. En su presencia hallamos nuestra más profunda identidad: somos ciudadanos del cielo (Filipenses 3:20).

Somos amados y escogidos por Él desde antes de la creación del mundo (1 Tesalonicenses 1:4, Efe.1:4) y fuimos redimidos, perdonados y hechos libres (Efesios 1:7; Gálatas 5:1). Dice que fuimos creados en Cristo Jesús para buenas obras (Efesios 2:10) y destinados a vivir como hijos de luz (Efesios 5:8).

Somos bendecidos con toda bendición de lo alto, dejando de ser esclavos para convertirnos en hijos y herederos y coherederos con Cristo Jesús (Efesios 1:3; Gálatas 5:1; 4:7; Romanos 8:7).

Esto es una pequeña parte de nuestra respuesta del "¿por qué?". La dura realidad es que solemos ser seres egocéntricos y es en nuestros respectivos desiertos, dentro de nuestra vulnerabilidad, cuando tal vez, solo tal vez, llegamos a darle un espacio a Dios para que se nos muestre. (Deuteronomio 4:30)

Recordemos que el ser humano tiene libre albedrío para obrar según elija. Es decir, las personas tienen libertad para tomar sus decisiones, aunque fuimos predestinados para cosas mayores, nosotros tenemos la capacidad de elegir nuestro camino. Aun así, Dios, en su infinita bondad, nos abrió la senda de regreso a Él por medio de Jesús y nos lo muestra mediante diversas pruebas a lo largo de nuestras vidas.

Aunque nuestras vidas realmente dependen de Él, es tan noble caballero que nos permite elegir y muestra siempre su infinito amor por nosotros, dándonos una invitación a escoger el bien, ya que esta elección nos bendecirá, no solo a nosotros, también a nuestra descendencia (Deuteronomio 30:19-20).

Si bien sabemos que no toda prueba es enviada por nuestro Padre de las Alturas, todas pueden convertirse en plataforma que nos permita conocerle y permitirle mostrar su gloria excelsa en medio de nuestros procesos. ¡Él usa nuestras peores pruebas para mayores glorias!

En mi caso personal, pude percibir que mediante las experiencias vividas, el conocimiento adquirido y el crecimiento espiritual obtenido, mi forma de pensar cambió y mis preguntas tomaron un giro inesperado. Ahora no suelo cuestionar el "¿por qué?" de la prueba, sino que me pregunto "¿para qué?"

¿Qué quiere mostrarme Dios? ¿Qué gloria postrera me alcanzará tras la prueba? ¿Hacia dónde conducirá mis pasos? ¿Cuál será la nueva asignación en la cual me moveré con propósito en Él?

Sí, ¿para qué? Y ¿sabes? Tanto el "¿por qué?", como el "¿para qué?", tienen la misma respuesta: son para que se conozca Cristo y este sea exaltado a través de nuestras vidas, ya que somos ciudadanos del cielo y partes de un gran plan divino de restauración.

Por ello, le pido a Dios que abra mi entendimiento y me deje verle en una faceta de revelación de su persona que aún no haya conocido. Sé que tal revelación traerá un mayor peso de gloria sobre mi vida. ¡El peso de su gloria transformará las cosas a tal grado que activará las palabras dichas por Dios sobre mí desde la eternidad y producirá, a través de nosotros, sus recipientes de gloria y autoridad, una gloria mayor para darle a conocer!

¡Nuestras vidas fueron inspiradas en Sí mismo, fundamentadas y edificadas en Él para formar parte de su testimonio! En nuestras pruebas surge una oportunidad para conocer al Dios vivo desde una faceta nunca antes vista por nosotros. Es una revelación mayor para llevarnos a una elevada manifestación de su Espíritu sobre nuestras vidas.

De ese modo seremos cauce para llevarlo a otros, dónde Él impartirá a través de nosotros, como instrumentos suyos, una mayor unción que transformará las vidas y dará frutos para lo eterno. ¡De un verdadero encuentro con Él es imposible salir siendo el mismo! Tu vida manifestará una mayor unción y gloria, que como un río de agua viva saltará para vida eterna.

No solamente será saciada tu alma, sino que serás portador de su gloria, y su depósito en ti será usado para lo que fue enviado a hacer. De tu proceso Dios sacará una fortaleza y una unción que te permitirá moverte con mayor gloria, poder y autoridad, por lo que ¡Él Necesita que te muevas!

Busca conocerle en tus procesos, para transicional de las cosas naturales a la excelencia de la soberanía de Dios. Serás ese instrumento que le glorifica en todo tiempo a través de tus días.

¡Atrévete a habitar en sus altos pensamientos y a caminar en sus altos caminos!

3

Recuperando mi Descanso Mediante el Diseño de Su Gracia

Cuando atravesamos una crisis no concebimos que sea posible cruzarla teniendo paz. Muchos adoptan este tipo de pensamiento haciéndolo su verdad, incluyendo a quienes conocemos la verdad de Cristo, pues en ocasiones somos engañados por esta trampa del reino de las tinieblas. El fin es mantener nuestros pensamientos cautivos, y que no logremos alcanzar la verdad de Dios y prosperemos en ella.

Viene a mi mente una noche en la que se me hacía imposible conciliar el sueño, debido a una preocupación por una persona. Estuve orando por alguien que sentía de que pudiera atentar contra su vida, ya que estaba atravesando cosas que, sin ser extremadamente graves, para aquella persona sí podían serlo.

Ya estaba entrada la madrugada y yo no conseguía conciliar el sueño, la tensión nerviosa subía de grado, y de más está decir que necesitaba descansar y no podía permitir que esa inquietud ganara más terreno en mis pensamientos creando una preocupación de mayor magnitud que pudiera comenzar a dar paso a la ansiedad, angustia o posiblemente hasta llegar a desencadenar en mí un ataque de pánico.

Sí, estaba realmente preocupada y nerviosa, y también sabía el riesgo que corría al darle paso al temor, así que en ese instante fui a la fuente y oré al Señor diciéndole que necesitaba descansar en su presencia, que reconocía que con mis propias fuerzas no podía cambiar la situación que le acontecía a la persona, pero sí podía hacer lo que estaba en mis manos.

Oré y confié en su Espíritu Santo, y pedí que ángeles de su poder fuesen enviados en ese instante hacia ese lugar, y se hicieran presentes sobre esa vida, y le cuidaran y guardaran de todo mal pensamiento que el enemigo pudiera levantar en su contra.

Declaré con firmeza y autoridad que nada de lo que se levantase en su contra prosperaría. Cimenté mi fe en Dios y en su palabra, sabía que con esto la palabra enviada no podía volver a mí vacía sin haber logrado el propósito por el cual la envíe (Isaías 55:11). Cuando tu fe tiene un encuentro con la palabra, la misma tiene solo un camino a seguir por diseño divino y se llama cumplimiento.

Le pedí que permitiera en mi mente solo su palabra y que esta prosperara, ya que sabía que esto cargaba una promesa de traer paz a mi vida. ¡Hay poder en proclamar sus promesas con fe!

Sin darme cuenta, finalmente quedé dormida y descansé el resto de la madrugada. Al despertar esa mañana, antes de abrir mis ojos, me encontré con la más maravillosa sorpresa, y fue que mientras yo dormía mi espíritu estaba siendo ministrado por el Espíritu Santo de Dios.

Fue una experiencia extraordinaria, y sí, sé que les podría sonar raro si aún no han tenido esta experiencia, pero cuando comencé a despertar de mi sueño, la presencia de Dios estaba trabajando en mí, en acuerdo a la palabra de Dios, con lo que necesitaba mi espíritu.

La alegría que sentía mi espíritu sobrepasaba mi entendimiento, la tranquilidad que experimentaba era indescriptible, la preocupación se había disipado, ya no se veía grande y sabía que Dios estaba en control y tenía cuidado de esa persona. Definitivamente, había encontrado la paz del Señor.

¿Recuerdan lo que dice Isaías 26:3? Dice que *"Él guardará en completa paz a aquel cuyo pensamiento en él persevera; porque en él ha confiado"*, pues esa fue la promesa que proclamé esa noche para mi vida, y la misma se hizo manifiesta sobre mí para su gloria.

Esta promesa dio paso a otra que así dice:

"En paz me acostaré y asimismo dormiré; porque solo tú, Jehová, me haces vivir confiado". (Salmo 4:8)

¡Cuán incomparable es la grandeza de su poder a favor de los que creemos y en Él confiamos! ¿Verdad? En nuestras pruebas debemos estar conscientes de que nada de lo que se levante en nuestra contra tiene el poder o dominio sobre nosotros, a menos que se lo otorguemos. Dios no nos ha dado un espíritu de cobardía, sino de poder, amor y dominio propio (dominio de nosotros mismos) (2 Timoteo 1:7)

Tenemos que recordar que nosotros, quienes decidimos seguir al Señor, vivimos por fe y no por vista y sabemos que en el mundo afrontáremos aflicciones, pero debemos confiar en él, pues él ya ha vencido los poderes que gobiernan a este mundo. (Juan 16:33)

Cuando la preocupación quiso tomar lugar sobre mi vida, rápidamente recordé la palabra que como ministros de su poder solemos exhortar a otros, sobre el poder de la oración, la misma tenía que hacerse presente en mi vida y vino a mi memoria que su palabra nos invita a no preocuparnos por nada, sino en vez de eso a orar.

Nos dice que pidamos a Dios lo que necesitemos y demos gracias por todo lo que Él ha hecho. Así lograremos experimentar la paz de Dios que supera todo lo que podamos entender. Su paz cuidará nuestro corazón y nuestra mente mientras vivamos en Cristo Jesús. (Filipenses 4:6)

Debemos entender que Dios siempre está presente y en control, pero se manifestará de diferentes formas a nuestras vidas en medio de nuestras pruebas. Es importante que nuestro espíritu esté en comunión con el Espíritu Santo de Dios para que podamos estar prestos a su revelación espiritual en medio de nuestras situaciones y prevalecer ante la prueba hasta alcanzar la victoria.

Creemos en un ser Supremo, que se moverá no como nosotros queremos o creamos, sino que obrará en nuestras pruebas de maneras inexplicables, dejando derramar su poder y gloria a través todo. Debemos creer y descansar en sus promesas y saber que, aunque trabaje de formas misteriosas, sus planes siempre tendrán como finalidad un bienestar mayor, a fin de darnos un futuro y una esperanza.

No podemos pretender que una mente infinita se mueva como una mente finita, es decir, no podemos encajonar o limitar su poder con nuestras limitadas formas de pensar de como Él debería moverse y resolver nuestras pruebas. Sus pensamientos y caminos no son como los nuestros, sino que son más altos de lo que podamos llegar a pensar. Cargan propósitos divinos, y nos conducen, aún luego de nuestras leves tribulaciones, a una gloria eterna mucho más grande y abundante (2 Corintios 4:17).

De cada momento que permitamos a Dios trabajar y mostrarse en nuestras pruebas por medio de nuestra fe, saldremos cargando una gloria cada vez más excelsa y eterna. Cuando confiamos en Dios por medio de nuestra fe, el poder de su palabra trabajará según su diseño divino, y este es de no volver a Él sin haber trabajado para lo que fue enviado a hacer sobre tu vida.

Así como la lluvia y la nieve no pueden volver a subir naturalmente en su ciclo hidrológico del agua sin antes haber regado la tierra, así será esa palabra que fue enviada para ti, crecerá para que produzcas semillas al agricultor, nuestro Dios, y pan al hambriento, es decir, al necesitado de esa unción que anidará en ti luego de la prueba.

El fruto de la finalidad de tu prueba no solo suplirá tu necesidad, sino que tendrá la capacidad de impactar a otras vidas necesitadas de esa unción, poder y revelación. Deberás reconocer que somos parte de su plan divino, mediante nuestras vidas rendidas a Él, logrará dar vida a nuestros propósitos eternos y seremos prósperos en todos los lugares donde él nos envíe. Viviremos con gozo y paz, y todo en nuestro caminar reconocerá al Señor (Isaías 55:12-13).

¿Recuerdan la historia de Daniel? Viajemos un poco... La palabra narra que Nabucodonosor, rey de Babilonia, cuando fue a Jerusalén y la sitió, dio orden a Aspenaz, jefe de los eunucos, que buscase de entre los israelitas pertenecientes a la familia real y la nobleza, gente joven para su servicio.

Estos jóvenes debían ser apuestos, sin ningún defecto físico, con aptitudes para aprender de todo, sensatos y sabios, a los cuales a su vez deberían enseñar la lengua, la literatura, la cultura de los babilonios y durante esa preparación deberían comer y beber lo mismo que el rey. Entre estos jóvenes, escogieron de la tribu de Judá a Daniel, Ananías, Misael y Azarías.

Hecha esa selección, el jefe de los sirvientes del palacio les cambió el nombre y les informó de que comerían lo mismo que el rey. Sin embargo, Daniel estaba decidido a no contaminarse con la comida y con el vino del rey, pues eso constituiría para él y sus amigos un pecado.

Al percibir que Aspenaz no veía con buenos ojos su decisión, Daniel habló sabiamente con el encargado y lo convenció de que los sometiera a un período de prueba con alimentos de su parecer.

Transcurridos diez días podrían probar que su salud no desmejoraría por comer solo verduras y agua, en vez de la comida sugerida e impuesta por el rey.

Como hijo de Dios, se movió en sabiduría, para no permitir que las nuevas circunstancias lograrán afectar su relación con Dios, y le fue concedido lo que pidió. Transcurrido el periodo de prueba aconteció que Daniel y sus amigos estaban más saludables y fuertes que los jóvenes que comían lo mismo que el rey.

Probablemente, se pregunten cuál es la importancia de estos acontecimientos. Les diré: estos jóvenes escogidos eran provenientes de la tribu de Judá, ellos eran constituidos alabanza para Dios, pues eran hombres conformes al corazón de Dios. Si prestamos atención a este relato vemos que una vez capturados, estos jóvenes fueron sometidos al proceso de cambiarles nombre y alimentación. ¿Y cuál era la importancia de esto?

En tiempos bíblicos el nombre expresaba la esencia, su carácter y naturaleza de la persona. Por lo que el cambio de un nombre indicaría una transformación de carácter y destino. El acto de poner nombre incluía la idea de que quien lo colocaba tenía poder sobre el receptor.

O sea, otorgaba un tipo de poder sobre la persona a quien ponía el nombre, por ejemplo en Génesis 2:19-20 en la tarea de ponerles nombres a los animales o cuando Faraón cambió el nombre de José (Génesis 41:45, Daniel 1:6-7, 2 Reyes 24:17). En cuanto a los alimentos, Daniel se había propuesto no contaminarse, por lo que astutamente hace una propuesta para no tener que violentar su creencia y caer en manos del enemigo.

No todo lo que en el mundo te presenten como *"mejor"* es justamente lo mejor para ti. El enemigo sabe cómo disfrazar *"mejores cosas"* ante la vista de tus ojos, para apartarte de lo que realmente te conviene y es agradable para Dios, pues busca alejarte de tu real propósito.

¿Acaso, no percibes cómo nos llaman las cosas materiales? Entran por nuestros ojos para guiar nuestros pasos, a adquirir bienes económicos rápidos, para caminar ante la sociedad con un *"respeto"* que simplemente existe en las mentes engañadas por las personas de este mundo. Quienes carecen de la verdadera riqueza que tiene la sabiduría de los entendidos hijos de Dios.

He aquí la importancia de tener claro quiénes somos en Cristo, pues esto a su tiempo tomará lugar dentro de las decisiones que tomamos cada día en nuestros estilos de vidas que nos dirigirán entre la vida y la muerte.

Tan pronto llegaron, quisieron transformar su carácter y destinos, llenar sus ojos con lo *"mejor"* que ofrece el mundo al estar parados en ciertas plataformas, pero estos jóvenes cargaban con sabiduría de lo alto y se propusieron no contaminarse para que en ellos reinara siempre Dios. Mantenernos obedientes y fieles al Señor nos llevará por los caminos correctos y más excelentes.

Bien afirma David en el Salmo 32:8 que el Señor dice: *"Te guiaré por el mejor sendero para tu vida; te aconsejaré y velaré por ti"*. Ellos eran cuidadosos con lo que se alimentaban y mantuvieron una vida agradable a Dios, él fue quien les guio, aconsejó y velo por ellos. ¡Y sí que veló por ellos!

Más adelante, cuando el rey Nabucodonosor no encontró ningún mago, ni hechicero, ni adivino o astrólogo que le dijera el significado de un perturbador sueño que tuvo, mandó a ejecutar a todos los sabios de Babilonia. Este edicto decretaba la muerte a todos los sabios, incluyendo a Daniel y sus amigos.

Pero Daniel era sabio y por ende astuto y fue ante el trono de la gracia de Dios y le pidió al Señor la revelación del sueño, la cual le fue otorgada a Daniel y no tan solo fue salvado del decreto de muerte, sino que él y sus amigos fueron promovidos en lo natural por el mismo rey, el cual tuvo que reconocer a Dios.

A lo largo de este pasaje bíblico vemos como Dios se movía en cada prueba de Daniel y sus amigos, ellos se movían en fe y obediencia, mientras que Dios se movía en su fidelidad a quien es él por medio de la fe de cada uno de ellos. Él no los libraba directamente de sus problemas, sino que en medio de cada uno de ellos estaba presente y la gloria excelsa de él tomaba su lugar y le daba a conocer como único Dios y Rey, Soberano sobre todas las cosas.

¡Ese es el Dios a quien servimos! No evita los problemas, dejándonos de ese modo inmaduros, sino que nos lleva a la unidad en él para crecer y nos dirige hacia sus propósitos divinos con un mayor poder.

Al ser impactados y transformarnos por él, su unción, la cual es liberada a través de nuestros testimonios, cobra mayor autoridad y trabaja no solamente en nosotros sino a través de nosotros. Es mediante estos procesos que adquirimos el carácter de Cristo por encima del humano.

25

Para alcanzar cada día más en Él, debemos tener bien claro quiénes somos, por qué estamos aquí y hacia dónde vamos. Debemos recordar que sus caminos y pensamientos son más altos que los nuestros y no es sino mediante el diseño de su gracia como alcanzamos las más grandes victorias para su gloria y honra.

Aprender a descansar en el Señor implica un mayor peso de gloria en su reino, es por ello que el enemigo quiere que nuestro enfoque se centre en las pruebas, alejándonos de la poderosa arma de descansar en Él.

¡Cuando su descanso es revelado, entendemos los principios del reino y esa revelación dará lugar a más verdades de Dios que nos empoderan para darle a conocer con mayor poder, unción y denuedo!

Dios podrá hacer cosas más grandes a través de ti en tu descanso, pues confiando plenamente tendrás acceso a su poder infinito y sobrenatural, que tomará su lugar y trabajará a tu favor.

¡Que tu proceso conozca el descanso de Dios y tu espíritu sea guiado a mayores propósitos en Él!

4

Sanidad A Través de la Adoración (Parte I)

De Villano a Héroe

Seguramente ya lo leíste o escuchaste antes, pero ¿crees que el título de este capítulo responde a una realidad? ¿Realmente es esto posible? ¿Acaso la adoración podría operar en nosotros sanidad emocional, física o espiritual? Bueno, debo decirte que personalmente lo he experimentado, y no en una oportunidad, sino en diversas ocasiones.

Hace años que vivo en el Evangelio, y son muchas las cosas que logré alcanzar en el Señor, por su gracia. Él, en su infinito amor, nos hace parte de un plan mayor y da propósitos, una medida de fe, dones, sabiduría, nos proporciona guía y nos hace sentir completos, amados, valorados, pues nosotros sus hijos somos parte de su amada familia.

Pese a esa maravillosa realidad, ocurre con frecuencia que seguimos cargando con cosas del pasado que aún no han sido sanadas, no porque no hayamos buscado su sanidad, sino porque desconocemos la existencia de esa herida. Me refiero a cosas que cuyo recuerdo puede doler, pero era necesario que pasáramos por ellas, pues en ese proceso Dios se revelaría a nuestras vidas a tal grado, que saldríamos impregnados con su gloria para ser portadores de sus buenas nuevas, pero con una mayor unción.

No estoy diciendo que Dios sea el causante de cada una de nuestras pruebas, pero puede usarlas para glorificarse. ¿Sabes?, las pruebas son necesarias, pues sirven para probar nuestra fe y confirmar que es auténtica. Así como el oro, aun siendo perecedero, se prueba por el fuego, también nuestra fe, mucho más valiosa que el oro, acrisolada por las pruebas, demostrará que es digna de aprobación y honor cuando Cristo se revele.

Somos sus elegidos y por su gran misericordia nacimos de nuevo con propósitos y asignaciones divinas. Nuestro Señor preparó todo de antemano para nosotros, es nuestra elección si caminamos en ello, o, por el contrario, permanecemos sentados, viendo como obra en nuestras vidas, siendo bendecidos, pero sin dejar frutos en su reino, es decir, viviendo solo para satisfacer nuestros deseos.

Regresando al inicio de este capítulo, ¿Cómo una prueba que enfrenté podía ser sanada a través de mi adoración a Dios? Les comparto una experiencia que me reportó gozo y una gloria más pesada: Una noche, en un culto dirigido a las mujeres que nuestra iglesia celebraba, el Señor ministró a través del pastor invitado, Héctor Meléndez.

Toda mujer presente en aquel lugar, que le abrió su corazón a Dios, experimentó una maravillosa sanidad interior y una medida de gracia conforme a lo que necesitaba. Como yo era una de las que ministraba con los líderes de la iglesia, esperé al final para ser ministrada. En realidad, me sentía muy bien, pero pregunté en mi interior: *"¿Señor, será que tienes algo que decirme?"*

Como respuesta sentí el deseo de pasar al frente para que oraran por mí, y, ¿saben qué?, Dios tiene hermosos detalles con sus hijos, y aquel momento se convirtió en un precioso tiempo de Padre e hija donde me llevaría a sanar interiormente cosas del pasado que yo desconocía que necesitaba sanar. Me acerqué y el pastor tomó un momento para escuchar la voz de Dios, tras lo cual comenzó a ministrarme. Me remontó a mi niñez y me habló de un periodo de esa etapa de mi vida.

Para que puedan captar la intensidad de aquel momento debo contarles que me crie con mis padres, quienes me mostraron claramente su amor. Tengo cinco hermanos, cuatro de mi papá y mamá, y uno solo de parte de padre. Siempre entendí que, aunque en mi niñez hubo momentos difíciles, lo que prevaleció fue la felicidad; pero cuando comenzaron a ministrarme salió a la luz algo que aún requería sanidad.

Ocurre con frecuencia que en nuestra niñez vivimos episodios que, ya sea por la corta edad o por la falta de conocimientos respecto a lo que es bueno y no lo es, no alcanzamos a discernir correctamente. Situaciones que mantenemos en nuestra historia pensando que ocurrieron por una finalidad, o que, aunque estuvieron mal, las damos por superadas.

A veces por el hecho de haber logrado seguir adelante *"a pesar de ellas"* terminamos concluyendo: *"todo está bien"*, pero tal reflexión es errónea y se convierte en una mentira del infierno que queda guardada en el cajón de nuestros recuerdos, relegada al olvido en un intento de no afectar nuestro presente.

Estas situaciones sin resolver, que suelen pasar desapercibidas, forman parte del desarrollo de nuestras personas, creando en nosotros una línea de pensamientos erróneos y distorsionados, que suponen piedra de tropiezo en nuestra época adulta.

Provocan elecciones equivocadas y perjudican nuestras relaciones con nuestros cónyuges, en nuestros trabajos, reuniones con amistades, familias y hasta a las generaciones futuras. Todo esto ocurre sin que ni tan siquiera seamos consciente de no estar caminando sanamente.

Dentro de nuestro desconocimiento, estas situaciones distorsionadas, creadas por el príncipe de este mundo y no por el Señor, se hacen parte de la formación de nuestro carácter y dirigen nuestra vida, por lo que es importante sacarlas a la luz para sanarlas. Cuando las *"entregamos al Señor, le damos la oportunidad de formar parte de una nueva gloria en nosotros para dar a conocerlo de una forma más excelsa por medio de ellas."*

¿Y qué trabajaría el Señor en mí? Una de sus más hermosas obras fue cuando con su amor sanó mi interior en lo concerniente a la relación de hija a padre, logrando que me sintiera amada de la forma correcta. Aquel día, durante la ministración, el Señor me hizo ver como una niña pequeña, trasladándome a un tiempo pasado.

Mi padre, a quien siempre amé y por quien me sentí también amada, era la raíz de esta experiencia de sanidad. Aunque fue un padre presente en nuestro hogar y muy amado por nosotros y por cuantos lo conocieron, lógicamente cargaba con sus luchas diarias como cualquiera.

Tuvo tiempos en los que asistía a la iglesia y todo iba bien en nuestro hogar, al menos en apariencia, pero en tiempos de adversidad dejaba de frecuentar la iglesia y combatía sus frustraciones mediante el consumo de alcohol.

Puedo recordar con total claridad como en ese tiempo odié el alcohol, pues ese, para entonces; era el causante de discusiones nocturnas, gritos, insultos y hasta golpes. Gracias a Dios no era algo que ocurriese frecuentemente, pero basta con una mala experiencia para marcarte severamente.

Como niña al fin, y creyente, iba a Dios centrando mis oraciones en lo que creía que era el causante de estos problemas, así que oraba fervientemente para que cerraran el negocio al que mi padre acudía a beber. Oraba para que el alcohol fuera ilegal y se prohibiera su consumo. Era tanto el coraje que sentía que, durante mi niñez, esa era una de mis contantes oraciones.

El alcohol tergiversaba esa figura paterna que tanto yo amaba y la convertía en una versión aberrante y aterradora, convirtiendo ciertos periodos de mi niñez en una pesadilla en la que mi papá se convertía en otra persona que, a bases de insultos, nos desmoralizaba poco a poco.

Las palabras proferidas en esos momentos calaban en lo más profundo de nuestros corazones, haciéndonos sentir miserables y no merecedores de nada. Sin apenas darnos cuenta, en cada desahogo suyo, sus palabras hirientes torcían y deformaban la verdad de una paternidad correcta, basada en el amor. En algunas ocasiones arrojaba cosas y las rompía, sembrando terror en nosotros, pues la figura de la que se suponía que debía provenir nuestra seguridad y protección, se convertía en nuestro amenazante agresor.

Una noche de las que él llegaba transformado bajo los efectos del alcohol, se dirigió a su cuarto y tras él entró mamá. El ambiente se sentía cargado y todos estábamos a la expectativa de algo no muy bueno, de pronto me pareció escuchar el sonido de risas, por lo que me aproximé a la habitación; mi hermano me gritó: *"¡no vayas!"*, pero yo ya me había acercado lo suficiente como para ver que un golpe de mi padre alcanzaba a la mujer qué yo más amaba: mi mamá.

Mi hermano llegó a la carrera para retirarme de allí y ordenarme que me fuera, luego entró a la habitación, levantó a mi mamá y nos fuimos rápido de la casa. Imaginen la mezcla de sentimientos: miedo, incertidumbre y cantidad de preguntas que en segundos invadieron mi tierna mente.

Salí de la casa tan solo con lo que llevaba puesto, desconcertada y con temor de que nuestro padre nos siguiera y ocurriera algo peor. Aquella niña sintió que la seguridad que la rodeaba se desmoronaba delante de sus ojos, en una fracción de segundo todo su mundo colapsaba y no sabía como detenerlo.

Sin embargo, en lo profundo de su corazón latía la esperanza de que aquel a quien había conocido desde que tenía memoria, su Dios, la cuidaría y de alguna forma todo estaría bien. Esa tarde quedó grabada en mi memoria y dañó mi forma de ver la figura paterna que tanto admiraba. ¿Cómo era posible que mi papá agrediera a la mujer a la que escogió por esposa y juró amar? Recuerdo que, al verlo al día siguiente de aquel suceso, me embargaba una mezcla de sentimientos, pero algo tenía claro: lo que había sucedido no estaba bien y no debía volver a acontecer. Estaba enfurecida con él, no quería saludarle, ni tan siquiera verle.

Aunque aquel golpe físico lo recibió mi mamá, en ese instante mi pequeño corazón sufrió una fractura, pues no solo vi a la mujer qué más amaba sufrir por algo inmerecido, sino que mi figura paterna, el gran amor de toda niña, mi papá, se transformó abruptamente de *"héroe a villano"*. Cuando él llegó me acerqué a mi mamá y al oído le pregunté si debía llamarlo *"papi"*, pues para mí ese nombre le quedaba grande e inmerecido, pero ella respondió que *"Si"*.

Por increíble que te parezca, no recordaba estos sucesos, pero acontecieron y fueron parte de mi transición de la niñez a la adolescencia. Pensaba haberlo sanado, porque mi relación con mi papá ya Dios la había restaurado. Yo le había perdonado y disfrutábamos de una hermosa amistad, pero al parecer quedaban partículas pequeñas que debían ser restauradas en su totalidad. Para ministrar a otras personas e impactarles con mi testimonio, debía experimentar un amor perfecto de un Padre amoroso y debía primero amarme a mí misma, pero de la forma correcta.

Un amor incondicional que no varía de acuerdo a lo que tú puedas hacer, sino que te ama, tal cual eres, su más preciado tesoro. Es esta clase de amor, inmenso y puro, que te mira con ternura y te llena a plenitud, que da sentido y valor a tu vida. ¡Así nos ama nuestro Padre Celestial!

En ese momento de ministración y durante los siguientes días, el Señor abrió un tiempo donde le experimenté como mi Padre Eterno. Sané totalmente, tomada de su mano. Ahora puedo recordarlo todo de manera diferente, pues lo veo desde un espíritu ya sano. ¿Cómo aconteció esta sanidad? Les contaré brevemente...

Durante el proceso, el Señor me enseñó a ver las cosas a través de sus ojos de amor y misericordia, por lo que pude ver a mi papá dentro de sus debilidades, frustraciones y temores; sus reacciones eran una manera incorrecta de vaciarse de todo aquello que él mismo no comprendía.

Cuando se sentía cargado, se alejaba de Dios y su mirada, se desenfocaba de la verdad y daba entrada al temor y a los deseos carnales, abriendo una puerta por la que el enemigo entraba y se arraigaba. A partir de ese momento llenaba sus pensamientos con sus mentiras de las cuales mi papá hacía su verdad.

De ese modo lo mantenía cautivo dentro de su engaño, separado del amor de Dios y de la verdad. Mi padre se convertía entonces en una versión aberrante, creada por el gobernante de este mundo. Al haber sido ministrada, luego de varios meses, pude entender todo esto y reconocer que esta etapa de mi vida, guardada en el cajón de mis memorias, sí me había afectado y necesitaba ser sanada.

Cuando pensé que todo estaba bien en mí, el Señor me mostró que siempre hay más en Él y que nuestra búsqueda sincera nos llevará a encontrarle para dejarnos impregnados de su gloria y poder, para impactar con un mayor peso de gloria en cada nueva asignación suya.

¡Qué maravilloso es nuestro Señor al confiar tan grande tesoro en estas frágiles y simples vasijas de barro! ¡Qué privilegio tan grande tenemos al poder ser parte de su plan perfecto!

Finalmente, el Señor me llevó a verlo todo desde una perspectiva madura y con ojos de misericordia. Fue así que pude entender el porqué de la conducta de mi papá.

Él, en su niñez, tuvo una figura distorsionada de la paternidad: su padre tomaba mucho alcohol y maltrataba a su mamá. Tuvo un hogar donde faltaba el amor, y las experiencias de su niñez lo guiaron, sin ser consciente de ello, a crear un patrón de conducta que perjudicaría, no solo a su persona, también al hogar que estableció.

No busco justificarlo, sino darles un cuadro más amplio que les permita comprender que es posible arrastrar cosas de nuestra niñez que afectarán todo aquello que queremos construir. Esto es lo que se conoce como maldiciones generacionales: son pecados o consecuencias de pecados que se heredan de los padres, y que debemos cortar de raíz.

Cuando conocemos a Cristo todo es hecho nuevo y tenemos la autoridad delegada para romper con esto y traer a nuestras nuevas generaciones las bendiciones de nuestra herencia en Cristo.

Tristemente, tanto mi papá como cualquiera de nosotros no podemos dar algo que no tenemos, por eso es importante acercarnos a Dios y permanecer en Él, pues es la fuente de vida que nos llena.

Del modo que te he contado recogí las cenizas de mi superhéroe y, viendo su humanidad a través de la mirada de mi Padre Celestial, pude apreciarle en amor.

Bañando sus debilidades y flaquezas en misericordia, entendí sus luchas; no justifiqué, pero entendí sus batallas carnales que no podía vencer con sus propias fuerzas, ya que no luchamos contra poderes humanos, sino contra fuerzas malignas espirituales, las cuales tienen mando, autoridad y dominio sobre el mundo de tinieblas que nos rodea. Necesitamos la armadura de Dios para poder vencer en esos días de flaquezas humanas. (Romanos 7:19-25, Juan 15:5, Efesios 6:12-13)

Abriendo mi corazón y mis pensamientos a la mente y conocimiento en Cristo pude ver que mi papá siempre me amó, pero no podemos nutrir de lo que estamos faltos desde la fuente incorrecta, ni dar prioridad a nutrir nuestras relaciones importantes y asignaciones divinas, como lo es el de ser buenos sacerdotes de todo lo entregado por Dios.

Sin darnos cuenta, caemos en las redes del enemigo, descuidando esos primeros ministerios que son la clave para lo demás, como lo son nuestras familias y nuestro lugar como parte del cuerpo de Cristo dentro de la iglesia. Su tarea es hurtar, matar y destruir toda la obra de Dios, para que no podamos gozar de la vida en abundancia para la cual el Señor nos creó desde el inicio.

Mi padre era un hombre de buen corazón, pero cuando la carne ganaba sus batallas, se alejaba de aquel que le daba las fuerzas para luchar y en quien se encontraba su real identidad, y caía una y otra vez en el lazo de engaños del enemigo y satisfacía la carne, mientras debilitaba su espíritu y su hogar.

No lo entendí en ese tiempo, pero ahora entiendo que el Señor llegó a tiempo cuando le llevó a su morada en los cielos, pues esto aconteció cuando él tenía su corazón nuevamente alineado a Él. El Señor se lo llevó reconciliado. ¡Cuánto amor, bondad y misericordia hubo ese día para con mi padre, tanto en la tierra como en los cielos!

Cuan grande es nuestro Señor, que a pesar de nuestras mentes pequeñas y tan llenas de juicios, aún nos colma con victorias tan extraordinarias, aunque en los momentos propicios no entendamos o agradezcamos.

¡Alabado sea su santo Nombre, y glorificado sea tanto en la tierra como en el cielo!

5

Sanidad A Través de la Adoración (Parte 2)

¿Cómo la experiencia que les acabo de contar fue sanada a través de la adoración? ¿Es la adoración un canal usado por Dios para sanidades? Permítanme responderles mediante hechos. La noche en que me ministraron, el pastor a cargo dijo las siguientes palabras: *"Eres la amada del cielo, recipiente de gloria y poder"*. Cuando el Señor se refiere a ti en el cielo, dice: *"¡Amada del Dios Altísimo! ¡Así te llama Dios y así te llaman los ángeles! ¡Esa es Mi amada del cielo!"*

Es tiempo de retozar. Veo al Señor jugando contigo, veo una pequeña. Esa pequeña eres tú, lo veo tomarte de la mano como a una niña, y te da vueltas, revoloteas junto a Él. Te lanza hacia arriba y vuelve a tomarte en sus brazos. Juega contigo como con una niña y te mima.

Sí, es un tiempo de llenarte de mimos, de abrazos, de besos, de su inmenso amor. ¡Eres hermosa! ¡Tienes un corazón hermoso! Va a darte un tiempo que debiste vivir. Algo que te saltaste. Continuó diciéndome: *"En estos días venideros llegarás al templo y lo adorarás y te gozarás y cada vez que abras la boca para adorarle sentirás un gran gozo, una presencia que causará que cuantos te miren adorar sean ministrados y anhelarán experimentar el gozo que tú cargas".*

Ocurrió tal y como dijo aquel pastor y profeta. Al ponerme a adorar mi pequeña niña interior daba vueltas con el Señor; sus abrazos sanaban la ausencia de los que no tuve. ¡Los *"te amo"*, así como sus mimos y palabras amorosas, hermoseaban mi corazón y se manifestaban en mi rostro, inundando mi ser en cada cántico a Él!

Comencé a sentirme amada por mi Padre Celestial, mimada, consentida y preciada, me percibía más hermosa que nunca y contenta con la persona que era; mi adoración abrió camino a mi sanidad interior y añadió a mis días plenitud de gozo... Un gozo que me faltaba aun sin haber sido consciente de ello, pero Dios, en

Su gracia me lo concedió, no solo para mi disfrute y sanidad interior, sino para afectar positivamente a otras personas necesitadas de lo que ya el Padre me había entregado.

¿Cómo guiaremos a otros al conocimiento de Cristo sin conocerlo previamente? ¿Cómo predicar la grandeza del amor de un Padre Eterno que no hemos experimentado? ¿Cómo impactaremos con eficacia sin que su gloria esté presente en nuestros testimonios de vida?

Nunca podré revelar lo que no conozco, pero si Él reina en mí, habrá una evidencia sobrenatural para alcanzar a otros. Nuestro Padre Eterno es un Dios de multiplicación que nos transforma en portadores de Su gloria para alcanzar a otros. ¡Somos su extensión en la tierra! ¡Comienza a verte como parte de su plan, porque lo eres! ¡Que la gente vea a Cristo en ti!

Te aseguro que no es lo mismo haber escuchado, que en la adoración hay sanidad, libertad y plenitud de gozo, que haberlo experimentado. Si al leer cosas como las que acabo de compartir acuden a nuestra memoria experiencias de nuestro pasado, es porque Dios quiere trabajar algo en nosotros.

Pero es probable que a nuestro pensamiento acudan preguntas como, *"¿por qué no supe esto antes?"* O, *"¡qué tal si el Señor me lo hubiera mostrado con más anticipación?, seguramente no estaría arrastrando con estas secuelas!"* Tal vez pienses, *"ya estoy en mi etapa adulta con todo y lo que pasé. El pasado solo es pasado".*

Si me permites una sugerencia: No adoptes la actitud de "la víctima", ni tampoco el de la "indiferencia". Hazte responsable de la revelación que acabas de recibir y comienza a hacerte las preguntas correctas. No es qué pudo ocurrir si lo hubiera sabido antes, sino, ¿qué haré con lo que sé ahora? ¿Me acercaré más a Dios para sanar mi interior y vivir más en Él?

Pregúntate, ¿me haré de la vista larga y continuaré arrastrando con ese cajón pesado de mis *"pruebas sin resolver"*, lleno de culpas, heridas, vacíos existenciales y portando la máscara de una falsa identidad dictada por el mundo?

Podrías seguir adelante sin sanar, ¡por supuesto!, pero perderías los caminos excelentes y excelsos que Dios predestinó para ti. Sin hacerlo, tu vida será una versión creada por el gobernante de este mundo y no por el de tu creador, quien preparó de antemano planes de bienestar para tu vida.

Te pregunto: ¿Cuánto valor te robó el enemigo como para que no desees prosperar en tu espíritu? ¿Tienes idea del alto precio que se pagó por ti, y que tiene la capacidad de redimirte sin importar la magnitud de tu pecado? ¿Sabes cuán importante eres para Dios? De tal manera Dios te amo que entregó a su único hijo para que todo aquel que creyere en Él no se perdiera, sino que alcanzase esa redención a través de Él para ser salvos. (Véase Juan 3:16)

Si te arrepientes de corazón Él te perdonará. ¡Búscale, y el Gran Caballero saldrá a tu encuentro para, no solamente, redimirte, sino otorgarte los mejores días de tu vida!

Comienza a vivir como su linaje escogido, su real sacerdocio, nación santa, pueblo adquirido por Dios, quien fue sacado de sus tinieblas a su luz admirable para darle a conocer. ¡Eres parte de su plan perfecto! ¡Hay una asignación divina para ti de parte de Dios pese a tu imperfección!

Es tiempo de sanar las heridas con Él de la mano. Dale entrada y hará su hermosa obra de sanidad a través de tu adoración. ¿Estás en tribulación? ¿Necesitas esta sanidad interior de la que hablamos?, si es así te exhorto a que tengas un estilo de vida en adoración a Dios.

Conviértete en un adorador en espíritu y verdad; lleva ante el Señor lo que necesitas sanar y sube cada día un cántico nuevo donde le reconoces por quién Él es, pues estos cánticos tienen la capacidad de llegar como incienso agradable a Dios y llevan olor fragante ante su trono de gloria.

Si lo haces, todo en tu vida irá cobrando orden. La adoración abre puertas que nadie cerrará, pues es tu cántico aún en las tribulaciones, la voz de un espíritu que camina abrazado al Espíritu Santo, una voz que se rinde a Él y le reconoce por encima de cualquier circunstancia.

Tu declaración carga autoridad delegada para transformar atmósferas, una voz con doble filo, de dos amados del cielo: tu espíritu junto al suyo, en unidad, reconocen al Padre y dan gloria, honra y exaltación, aun en medio de la aflicción.

6

Unidos a Él y Testificándole al Mundo

Esa unión de dos amados del cielo hace que se dirija la presencia de Dios en medio de ellos para manifestar algo mayor en tu vida! (Véase Mateo 18:20) Es una unión poderosa, la de su Espíritu Santo junto a la de un espíritu redimido por el mismo Padre mediante su Hijo. ¿Puedes ver el poder de su común acuerdo con el Padre de la gloria? (Juan 17: 5,11,21-26)

Jesús oró al Padre por nosotros y pidió que, así como Él tuvo unidad con el Padre, así nos la concediera a nosotros, y revela que la gloria que Dios le dio, Él nos la da para que seamos uno, como Él lo fue con el Padre. ¿Ves la grandeza de nuestra unidad? Si no lo percibes, para un momento para meditar en su palabra, pide revelación al Espíritu Santo para que traiga a tu memoria pasajes bíblicos que hablan de grandes verdades de lo que podemos llegar a alcanzar en Su nombre.

Te aconsejo que repases estas últimas oraciones, gózate en la revelación y úsala para dar los mejores frutos para el reino, en común acuerdo con nuestro Padre Celestial. Cada llave que Dios entrega debe ser usada, pues son reveladas con el propósito de, no tan solo bendecir nuestras vidas, sino darle a conocer mediante ella.

Cuando no hablamos a nuestras generaciones venideras de lo que Él hizo, cuando no le adoramos por quién Él es, nuestra atmósfera cambia y nuestras generaciones y entornos pierden una oportunidad de conocer sus proezas, y por ende la esencia de su persona y la posibilidad de su propia salvación.

En nuestro silencio se pierde un verdadero alimento de vida para la humanidad, no se fortalece la fe y esperanza de nuestros entornos. Silenciando las grandes obras de Dios para con nosotros, dejamos a nuestro prójimo a merced del enemigo.

¿Dónde falla la obra de Dios? En nuestra desobediencia, en nuestra dejadez, en nuestra pereza, en nuestra indiferencia, en nuestra ingratitud, en nuestra falta de honra, comenzamos a vivir conforme a este mundo, sin producir para la eternidad.

Acaso, ¿queremos ser cortados como toda rama que no produce fruto? (Véase Juan 15:2)

¡Nuestras vivencias son importantes! ¿Verdad que tras tus procesos de vida difíciles le conociste desde otra faceta de revelación? ¿Verdad que su Espíritu y gloria habitan en tu testimonio de vida? ¿Percibes un mayor peso de gloria con la capacidad de impactar con mayor unción las vidas a través de tus testimonios?

Solo tenemos que contar lo que Él hizo, y tu testimonio se encargará de mostrar a Cristo. Dios es todopoderoso, dejemos de encajonar su poder, o ¿acaso crees qué hay algo imposible para Dios? La fe despierta por el oír y es por el oír la Palabra de Dios. Nada es equiparable a su Palabra, pero tu testimonio revela lo que Él habla en ella y confirma la obra de su Espíritu, pero mostrado a través de las páginas de tu vida.

Ya que fuimos sellados en Él y somos vistos por el Padre a través de Jesucristo, debemos asimilar que, tal y como Él dijo ocurrirá: por medio de la fe, haremos cosas mayores en su nombre.

Así como Él fue revelado en el Viejo Testamento, pero no fue hasta el Nuevo Testamento que su obra se completó y culminó en excelencia mediante su sacrificio, igualmente los testimonios de tu vida manifestarán la persona que eres en Cristo, pues lo que él habló de ti desde su eternidad en los cielos cobrará vida a través de tus testimonios aquí en la tierra.

Permite que la gente escuche tus testimonios, en consecuencia, la gloria de Dios que habita en cada obra se encargará de mostrar a Cristo. Cuando crean, brotará la manifestación de su esencia, y será gracia para alcanzar sus almas, hacerles salvos y llevar su vida a un camino más excelente. (Véase Hebreos 11:6; 2 Corintios 4:17; Juan 1:16)

Quiero mostrarte un ejemplo bíblico al respecto: ¿Recuerdas a la mujer que padecía flujo de sangre? Te invito a verla con ojos diferentes; es importante dejar de ver las historias narradas en la Biblia como cuentos de antaño, o como episodios solo para aquel tiempo.

Debemos sumergirnos en ellos como relatos que nos acercan a un mayor conocimiento de Dios, revelándonos su gloria y voluntad para ser afectados nosotros y darle a conocer con mayor denuedo y poder. Padecer flujo de sangre convertía en impura, no solo a quien lo sufría, sino a cualquiera que entrase en contacto con ella.

Intenta ponerte en su lugar e imagina su espantosa soledad. Viviendo en las afueras de la ciudad, sin nadie que quisiera aproximarse, con el agotamiento propio de la enfermedad y ya sin dinero, pues todo lo gastó en médicos. Nosotros lo visualizamos un instante, pero ella llevaba años padeciéndolo y sin encontrar una salida a su terrible situación.

Sin un bálsamo para su cuerpo dolido y sin el calor para su alma que proporcionaría una compañía. Lo que nos lleva a pensar, ¿es posible que algo que me gobernó por tantos años pueda salir de mí? ¡Pues sí! ¡Para Dios nada es imposible!

A los oídos de esta mujer llegó que Jesús estaba en el pueblo, y su fe se revitalizó al escuchar que Jesús, quien es la palabra viva, estaba por allí. Ella dirigió sus pasos hacia la palabra viva, es decir, hacia Jesús. Fe y palabra se encontraron y obraron el milagro.

¿Crees que al oír la palabra el enemigo no se levantará en tu contra para que no lo alcances? ¡Claro que lo hace! Él no quiere verte empoderado para vencerle. Debes creer que ya fue vencido, y nosotros alcanzamos la victoria junto a Dios.

Mira a esta mujer acercándose. Es consciente de todo lo que tiene en contra; seguramente caminó agotada, ocultándose de la gente. Jesús, caminaba entre la multitud, rodeado de los hombres autorizados a caminar a su alrededor, pero ella no se dejó vencer por su estigma. Nada detuvo la fe de esta valerosa mujer. Emprendió su viaje y cuando estuvo cerca del maestro, tal vez arrastrándose entre la multitud, extendió el brazo entre el polvo del suelo, hasta tocar el borde de las vestiduras de Jesús.

Ese acto de fe: tocar a quien era la Palabra, provocó la inmediata sanidad. ¡Tocar la Palabra con fe, desató la gracia! ¡Gracia salió de Él por designio divino y ella fue sanada al instante!

¿Qué tiene que ver esta vivencia bíblica con nuestros testimonios? Veamos, esta historia no termina aquí, de hecho, se entrelaza con otro evento que detalla la Biblia, me refiero a la resurrección de la hija de Jairo. Este era el líder más prominente de la sinagoga local; al ver a Jesús se arrojó a sus pies, rogándole que fuese a su casa y sanase a su hija, quien estaba muriendo.

Fue cuando Jesús se dirigía a esa casa que ocurrió la sanidad que acabamos de describir. El Señor percibió que de su cuerpo había salido poder, y preguntó quién le había tocado. Los discípulos replicaron con asombro: *"¿una multitud te oprime y preguntas quién te tocó?"* Finalmente, Jesús vio a la mujer, quien le contó lo sucedido. *"Tu fe te ha sanado"*, le dijo Jesús.

¿Vieron algo importante en esta historia? Me refiero a que la sanidad que alcanzó a esta mujer brotó de Jesús sin Él haberlo provocado. ¿Cómo fue eso posible? Por su diseño divino. Para manifestarse este milagro, la fe de ella tuvo que encontrarse con la Palabra, Jesús. Esta mujer profetizó sobre su propia vida: *"si tan solo tocaré su manto seré sana"*, y al hacerlo cambió la atmósfera que por doce años le había gobernado.

Este testimonio fue visto en público y oído por Jairo, quien, al ir hacia su casa acompañado por Jesús, recibe la triste noticia de que ya su hija ha fallecido. Jairo lucha con esa terrible noticia, agravada por los comentarios de los demás, quienes le dicen: "*Ya no tiene caso molestar al maestro*", pero Jesús le dice: "*No tengas miedo. Solo ten fe*".

Jairo hizo a un lado el miedo, y con su fe recién alimentada retoma el camino hacia su casa. Permíteme preguntarte, ¿cuándo llegan las pruebas, qué cosas permites que tengan más peso sobre ti? ¿Das prioridad a las malas noticias o priorizas la noticia del dador de la vida y creador de todo? Su Palabra unida a tu fe, solo tiene un camino a seguir: el cumplimiento de lo que Él dijo. (Véase Isaías 55:11)

¡Jairo decidió confiarle todo a Jesús! Echó fuera el temor, agarró su fe, y formulada su petición, confió el tesoro más preciado que un padre pueda tener: su única hija, entregándola como ofrenda agradable a Dios. De inmediato Jesús alineó todo a favor de la fe de Jairo. Detuvo a la multitud, permitiendo que solo Pedro, Santiago y Juan lo acompañasen.

Un gran alboroto había en casa de Jairo: llanto y lamentos inundaban la atmósfera, pero llegó Jesús con buenas nuevas, pues había fe en un hombre que decidió creerle y caminar junto a él hasta llegar allí.

Al dar Jesús la noticia de que la niña no había muerto, sino que tan solo dormía, la gente comenzó a reírse. Era obvio que no entendían nada.

Quizás se reirán de nosotros cuando decidamos creerle al Padre por encima de todo mal diagnóstico. ¡Pero ellos no conocen el poder sobrenatural del Padre de las Alturas, a quien hasta la muerte le responde!

Jesús dejó afuera a la gente incrédula, sin visión y de poca fe, y entró a la habitación con el padre de fe, Jairo, junto a la madre de la criatura y sus tres discípulos. Tomó la mano de la unigénita de doce años y ordenó: *"¡Niña, levántate!"* ¡Enseguida la niña se levantó!

Varias cosas de estos relatos entrelazados llaman mi atención. Amé la expresión que utiliza la versión NTV cuando, en el evangelio de Lucas, Jesús dice: *"alguien me tocó a propósito".* De entre la enorme multitud que lo apretaba, ¡alguien lo tocó con propósito cuando de Él brotó sanidad!

Es admirable la determinación de esta mujer para atreverse, caminar y arrebatar, casi con violencia, su milagro; no le importó la adversidad levantada en su contra. Me gocé al ver como el milagro provocado por la mujer ayudó a Jairo a continuar con su fe puesta en Jesús, a pesar de las malas noticias. Esa fe le hizo entregar en manos del Señor su tesoro más preciado, su unigénita, confiando que en Él todo era posible.

Ver cómo fueron derrotados, mediante la fe, los planes de destrucción que se alzaron contra ambas vidas, es algo glorioso. (Véase Salmos 103:19) Pero lo que realmente me parece más fascinante y cautivador es la manera como se conjugan la fe y la palabra de Dios.

¿Por qué digo esto? Porque ya sea que nuestra fe se encuentre con la palabra (mujer del flujo) o la palabra se encuentre con nuestra fe (Jairo), la unión de ambas hará que nuestros milagros acontezcan, por el mandato que hay sobre ellos en su diseño divino.

Por si aún no hubieras podido comprobar el inmenso amor de Dios por nosotros sus hijos, mira lo que dice el salmo 107, versículo 20: *"envió su palabra, y los sanó, y los libró de su ruina"*.

La misericordia de Dios lo abarca todo, pero tiene suma importancia lo que abunde en nuestros corazones. La maldad convierte lo fructífero en estéril. No podemos pretender amar a Dios y no amar el estilo de vida al que nos guía en santidad.

Es por ello que los justos serán quienes verán todos sus milagros y maravillas y se alegrarán, mientras que los de corazón perverso serán callados. Cuida lo que entra en tu corazón y su abundancia, porque ciertamente es lo que dirigirá tus pasos y determinará el rumbo de tu vida.

Así como la mujer del flujo, nosotros, como hijos de luz, veremos que nuestros testimonios darán lugar a milagros en las vidas de otras personas. Debemos ser sabios como Jesús, en las pruebas imitémosle también, ¡saca de tu entorno a las personas que no permiten que tu fe crezca y den a conocer a Cristo! ¡No permitas que la incredulidad o falta de visión de otros altere lo que Dios te ha profetizado!

A base de esta historia ten muy en cuenta que lo que declaramos con nuestra boca tiene poder, así como la voz de Dios dio vida a todo lo que existe, del mismo modo tus palabras darán vida a lo que declares. (Juan 1:1-5) Cuida los dichos de tu boca y úsalos para bendición, y cuídate de no maldecir tus días en la tierra a causa de tu mal hablar.

Da importancia a los cánticos provenientes de tu corazón, al expresar alabanza y adoración, ya sea en gozo o desde tu altar de sacrificio, será el incienso más fragante ante la presencia del Padre.

En su presencia cualquier inseguridad se disipará, el temor desaparecerá, los pensamientos serán dirigidos por Él, y te traerá paz. Sus promesas en tu mente y corazón te guiarán a lo que el Padre preparó de antemano, y hacia sus altos pensamientos y caminos.

Con los años entendí que mi vida es alabanza para su gloria, tal como dice en su Palabra. Cada día, al despertar oro para que su cobertura, su favor y su gracia me arropen como rocío en la mañana, y que mi alabanza traiga por designio divino la manifestación de sus promesas para mí y mi casa.

Si todavía no le sirves al Señor, te invito a recibirlo en tu vida y entrar a lo que Él tiene preparado para ti y tu casa. Si confiesas con tu boca que Jesús es el Señor y crees en tu corazón que Dios le levantó de los muertos, serás salvo.

Si ya eres llamado hijo de Dios, ¡atrévete a tener un estilo de vida en adoración a tu Padre! Cuida tu estilo de vida y ten una genuina adoración. ¡Que se note Su reinado y que por designio divino alcance a todo el que se conecte en su espíritu a exaltarle! Desecha toda mentira del enemigo y haz de tu vida un lugar agradable para Dios, lleno de adoración y alabanza para su gloria y honra. Seremos esa alabanza para su gloria, por la cual nos hizo aceptos en el amado.

7

¿Andarán Dos Juntos, Si No Estuvieren de Acuerdo?

Seguro que conoces el texto bíblico que da nombre a este capítulo. Está en el libro de Amós, capítulo 3 y versículo 3. Con frecuencia se ha utilizado para motivar a los jóvenes a no caer en el temido *"yugo desigual"* y para que los matrimonios mejoren la calidad de su experiencia conyugal en situaciones que se presentan a lo largo del camino.

Pero no es este el único ámbito en que podemos ser bendecidos por este texto de la Biblia, sino que trae una revelación importante para nosotros, los hijos de Dios, aplicable en múltiples aspectos. Sugiero que lo escudriñemos para extraer la gran sabiduría de este versículo, y de paso conozcamos más sobre el libro de Amós donde se encuentra este verso.

Amós, cuyo nombre significa *"portador de una carga"*, era el elegido para llevar un mensaje de parte del Señor a las naciones, su profecía denuncia diversos pecados que estaban cometiendo varias naciones, entre ellas Israel. Aunque el mensaje era para todos, el núcleo de su mensaje iba dirigido al pueblo de Israel.

Amós da a conocer que los pecados pronto traerían consecuencias y un eminente juicio. Esta nación practicaba la idolatría y prácticas sociales injustas, por lo que no podía ya exigir ningún tratamiento especial debido a los atroces pecados cometidos en contra del pacto.

Los delitos de este pueblo habían llegado al colmo de su maldad, sus corazones estaban corrompidos y los frutos de sus actos manifestaban demasiada crueldad ante toda vida, ofendiendo así a Dios, rompiendo el pacto con Él.

Cabe mencionar que cuando acontecieron los eventos descritos en el libro de Amós, era una época de prosperidad para Israel; el pueblo vivía bastante bien y no estaba sometido a la opresión extranjera, en definitiva, había sido bendecido con riqueza y prosperidad.

Tal vez te has preguntado alguna vez, ¿qué podría sucederme si lo tuviera todo y me diera a los placeres de la vida?, ¿estoy realmente listo para recibir grandes bendiciones sin olvidar mi relación con Dios?, ¿adónde podría llevarme tanta bendición?, ¿seríamos capaces de olvidar nuestro pacto con Dios?, ¿nos permitiríamos perder nuestra verdadera identidad en Cristo?

Creemos que quitar la mirada de Dios no nos distanciará de nuestra identidad en Cristo, pero esta es otra mentira del infierno.

Recuerden que Lucas 6:45 (NVI) dice:

"El que es bueno, de la bondad que atesora en el corazón, produce el bien; pero el que es malo, de su maldad, produce el mal, porque de lo que abunda en el corazón habla la boca".

Salomón dice en los proverbios:

"Sobre todas las cosas cuida tu corazón; porque este determina el rumbo de tu vida". (Proverbios 4:23, NTV)

Ambos pasajes muestran la importancia de lo que llena nuestros corazones, pues nuestras acciones van de la mano con lo que guardamos en él. Es por ello que la Palabra nos invita a mantener nuestra mirada puesta en Jesús, quien es el autor y consumador de la fe. (Hebreos 12:2) Lo que atesoremos y lo que alimentemos, determinarán nuestro rumbo a seguir.

¿Y qué hay con las riquezas? Influyen decididamente en nuestra forma de pensar y pueden hacernos ver la vida desde la perspectiva del poder que fácilmente logra distorsionar la verdad de Dios, es a partir de aquí que se podría producir apatía espiritual, es decir, falta de interés, indiferencia y desapego hacia nuestro prójimo y hacia la manera correcta de vivir.

Por ello, es sumamente importante que recordemos que también en la prosperidad necesitamos al Señor, habitar en Él y acudir a Él en todo tiempo, pues nuestra confianza debe estar en Él y no en las riquezas de este mundo. (Mateo 6:24)

Si no caminamos en acuerdo con Dios, podemos caer en las mentiras del enemigo fácilmente, pues al alejarnos de Él nuestros propósitos se distorsionan, pues sus mentiras son fáciles de creer y llegan a convertirse en nuestra verdad. Cosas tan simples como pensar que las *"riquezas"* que obtenemos con el sudor de nuestra frente, por el mero hecho de llevar nuestro sudor y sacrificio, nos pertenecen. Cuando la verdad es que todo cuanto tenemos nos es concedido por medio de la

Gracia. Seguido a esta mentira, nos olvidamos de ser dadores alegres, que entregan a los demás con gozo en su corazón, pues saben que lo que dan es simplemente una pequeña parte de la gracia que fue recibida por asignación divina. Olvidamos que somos parte de un plan mayor y simples administradores de todo lo que Dios nos ha concedido, y que nuestro llamado es la extensión del cielo en la tierra.

Cuando desenfocamos nuestra mirada de Dios, comenzamos a caminar por lo que dicta la carne y es aquí donde nos movemos según nuestros propios deseos y no según nuestro diseño divino (Romanos 8:5-17). Así, de repente, vamos por la vida tras placeres temporales y comenzamos a apagar la voz del Espíritu Santo.

Con ello, vamos alejándonos cada día más de nuestra santidad y vidas rectas, dirigiéndonos al fracaso. Incluso trataremos de alejar a quien lleva la presencia de Dios, pues se nos hará incómodo tolerar esa presencia que nos confronta y dirige a toda verdad. Nuestro Padre nos llena con su plenitud y en nuestro diseño divino habita una asignación de caminar juntamente con Él.

Él desea que seamos bienaventurados en todos nuestros caminos, demos buenos frutos en su reino, y seamos guiados de vuelta a casa, a las mansiones celestes juntamente con nuestro Padre. El engaño del mundo puede resultar atractivo por periodos de tiempos, pero se desvanecerá sin lograr llenar nuestros vacíos existenciales. Dios nos predestinó para disfrutar con su llenura, grandeza y vida en abundancia.

Al distanciarnos de Dios nos volvemos como el pueblo de Israel, no dejamos que los profetas, ministros de Dios o nuestros hermanos hablen a nuestras vidas, pues el enemigo entorpece nuestra voluntad de oír la verdad, para que no haya posibilidad de enderezar nuestros caminos y volvernos a Él. (Proverbios 28:13)

Perdemos nuestra esencia de ciudadanos del cielo y adoptamos la de esclavos del gobernante de este siglo. ¡Qué triste es ver a personas que crecen, viven y mueren en una cautividad que no era lo predestinado por Dios para ellos!, pero eligieron vivir así. ¡Cuánta confusión, contaminación y corrupción puede llegar a nuestras vidas al alejarnos de Dios!

Volvamos al pueblo de Israel, ¿recuerdan que estuvo cautivo por 400 años y posteriormente libertado por la misma mano de Jehová? Estos, siendo más en número que los egipcios, sufrieron cautiverio por 400 años.

Al ignorar su identidad en Cristo, dejaron que sus mentes fueran cautivadas. El Señor obró a su favor, destruyó a sus enemigos, le entregó a su país, de entre sus hijos eligió profetas para continuar guiándolos, y aun así no albergaron la gratitud que su Padre merecía por tantas bondades entregadas.

Desenfocaron la mirada de la presencia de Dios y anidaron en sus corazones todo lo que llenaba sus ojos, cediendo a los deseos de su carne. Se eligieron a sí mismos. ¿Te has preguntado alguna vez si vives para ti mismo o para Dios? ¿Qué tal si nos tomamos un tiempo para meditar en ello?, pues cuando la Palabra nos confronta permite al Señor seguir edificando nuestras vidas sobre sus fundamentos. Toma tu tiempo ahora con el Señor y permítele escudriñar tu corazón.

Después de ese tiempo a solas con el Señor, te animo a seguir al siguiente capítulo de este libro para seguir escudriñando las riquezas que hay en el libro de Amós.

8

Más Riquezas en el Libro de Amós

Luego de ese valioso tiempo a solas con el Señor, continuamos escudriñando el libro de Amós. Vayamos al capítulo 3, donde apreciamos el juicio del Señor sobre Judá e Israel. Y, ¿cómo termina este libro de Amós? ¿Es abandonado este pueblo por Dios?

¡No! El mensaje final de Amós es que Dios muestra misericordia por Israel y permanecerá fiel a su pacto. Aunque nosotros fallemos, Dios permanece fiel a sus pactos, pero esto no implica que Israel no sufriría las consecuencias de su infidelidad; hubo consecuencias al pecado, y del mismo modo ocurre en nuestras vidas.

La realidad es que Dios nos ama por encima de nuestras flaquezas, Él puede separar *"quién eres"* de *"las cosas que haces"*, Él puede odiar nuestras conductas pecaminosas y aun así amarnos a nosotros, porque nos ve a través de Cristo, redimidos.

¿Te has fijado en la frase del libro de Amós qué dice: *"por tres pecados...y por el cuarto"*? (Amós 2) No significa que hubieran pecado tres o cuatro veces, sino que vez tras vez volvían a pecar. Significa que Dios ya había demorado bastante su castigo, tal así como un padre que cuenta hasta tres o incluso cuatro, para dar a su hijo una amplia oportunidad de corregir su comportamiento.

¡Cuántas oportunidades nos da el Padre para que nos arrepintamos antes de tener que sufrir las consecuencias de nuestras malas decisiones! Fueron muchas las personas que cayeron en delitos y pecados, pero cuando el Señor aborda los *"pecados de Israel"*, estos parecen más escandalosos, pues a diferencia de otras naciones, Israel conocía la ley de Dios.

Esto da pruebas concretas de su traición al pacto que habían hecho con el Señor. Si malo es actuar haciendo el mal, peor es conocer la verdad, pactar con Dios y luego caminar en el mal con el conocimiento de lo que haces, traicionando así pactos sagrados que acordaste con tu creador.

Si bien vivimos bajo la gracia y esta nos da libertad en Cristo, esto no puede ser un pretexto para hacer lo malo. (1 Pedro 2:13-17) Bien dice la Palabra que los que conocemos al Señor ya no seguimos los ejemplos de los pecadores de este mundo, pero que, si nos dejamos engañar por estas cosas, y además nos dejamos controlar por el pecado, quedaríamos peor que antes. De ser así mostraríamos la verdad del dicho: *"El perro vuelve a su vómito"*, y también la verdad de este otro: *"El cerdo recién bañado vuelve a revolcarse en el lodo"*. (2 Pedro 2:20-22)

El Señor siempre desea que vivamos una vida plena en Él para bendecirnos con toda bendición de lo alto, por ello su Espíritu nos guía hacia toda verdad y justicia, pero si nos alejamos de Él, la paga del pecado es muerte, mientras que la paga de la gracia de Dios es vida eterna en Cristo Jesús. ¿Cuál has preferido? ¿Qué has estado sembrando a lo largo de tus días?

Finalmente, ¿pudiste identificar con quién estuviste caminando a lo largo de tu vida? ¿Tu vida da testimonio de que caminas en común acuerdo con lo que Dios habló de ti desde su eternidad? Si te sientes confrontado y tu respuesta fuera negativa, sería glorioso que tomarás la determinación en tu corazón de cambiar y comenzar a caminar con aquel que te predestinó para mayores cosas.

Fuiste diseñado para tesoros más grandes que una buena casa o un excelente auto. ¡Recuerdo la historia de un pequeño Rey que fue predestinado a ser Rey de reyes, más desde su nacimiento se nos muestra como la calidez de un simple pesebre puede albergar tan grande milagro para la humanidad! No necesitó de un gran castillo ni una cuna de oro para hacer su entrada triunfal como Rey. Nació en la humildad que podría albergar un pesebre.

No sé si han podido observar esta historia con detenimiento, pero nuestro Salvador nació allí porque no había lugar para Él y sus padres en el mesón. En aquellos días se había decretado un censo, por lo que José y María fueron a la aldea de Belén para inscribirse allí, ya que él era de la casa y familia de David y cada cual iba a su propio pueblo.

Mientras estaban allí, a María se le cumplió el tiempo de embarazo y dio a luz. ¿Te has dado cuenta de qué difíciles podemos ser los seres humanos? No reconocemos la importancia de albergar tan grande tesoro en un lugar de excelencia; Dios yació en la calidez de un nicho de piedra... ¿Será así en nuestras vidas?

En nuestros desiertos, vacíos existenciales, con todo el peso del caos sobre nuestras vidas, cuando Él toca a nuestra puerta, ¿le daremos entrada a nuestros corazones de piedra? Él llenará la habitación de nuestro ser y cobraremos orden, paz y vida en abundancia.

A veces pensamos que a causa de lo mucho malo que hicimos no somos merecedores de albergar ese tesoro en el corazón... ¿Sabes?, cuando este majestuoso Rey nació, el cielo dio la noticia a un grupo de pastores. La más gloriosa buena nueva, fue notificada a pastores, hombres simples que eran despreciados por sus estilos de vida.

Algunos tenían la reputación de ladrones y embusteros. Su testimonio no era aceptado en un tribunal público y no les permitían acceder al templo. Pero el cielo los eligió como emisarios del nacimiento del Hijo de Dios, nuestro Salvador y Señor. La primera gran noticia no se les dio a hombres de gran prestigio, se posó sobre hombres humildes, pero de buen corazón, que dieron a conocer la grandeza del nacimiento de nuestro Rey Salvador, quien era el más bello regalo que pudimos recibir de buena voluntad de Dios para con nosotros.

¿Y qué estilo de vida nos modeló nuestro Rey para darnos vivo ejemplo de lo que espera Dios de nosotros? ¡El mejor! Vivió para cumplir con el propósito de Dios en su vida. Sin grandes riquezas terrenales, pero enriquecido con el poder, unción y presencia de su Padre, sirviendo a cuantos lo necesitaban. Con sus pasos trazó un camino excelente, dio todo por amor para la redención de los demás, ¡entregó su vida!

Ningún rey venció tan grandes batallas como nuestro Rey Jesucristo. Ningún otro rey sacrificó sus riquezas, comodidades o placeres, para dar un bienestar mayor a nuestras vidas como lo hizo Jesús, quien oraba, sanaba y entregaba cosas tan grandes que nunca el dinero podría haberlas comprado.

Un Rey que libertaba al cautivo y lo traía de la muerte espiritual a la vida en abundancia; un Rey que decidió caminar sin la corona de la vanagloria de la vida... Podría haberla tenido, pero optó por la corona de espinas para que tú y yo tengamos la corona de vida eterna junto a Él.

¡Con este Rey vale la pena ponerse de acuerdo! ¡Vive cada día en común y acuerdo con el Rey de Gloria! ¡Alcanza junto a Él las más grandes batallas! ¡Vive una vida con propósitos divinos! ¡Con este Soberano Rey yo me pongo de acuerdo para caminar junto a Él!

¿Y tú que vas a hacer? ¿Te pondrás de acuerdo con el Padre, para caminar junto a Él?

9

Cuando Tu Fuego Se Apaga Arde la Llama de Dios

Seguro que recuerdas el texto de Levítico capítulo seis y versículo doce, donde Dios ordena que el fuego del altar nunca debía apagarse. ¿Crees que algo así es posible?

Trasladamos esa figura a nuestra vida personal: tal vez has pasado por una prueba muy dura y significativa para ti, y en este momento te preguntas, ¿dónde está ese fuego de Dios en mí?, ¿volveré a ser el mismo?, ¿podré continuar siendo alabanza para su gloria y dar buenos frutos para el reino? ¿Volveré a reír en Él sin dolor?

Quieres creer que no todo se ha perdido porque continúas sabiendo quién eres en Él. Tu identidad y llamado siguen definiéndote como hijo de Dios, pero no eres la misma persona, te sientes cansado, sin fuerzas, anhelando una mayor unción, pero sin encontrar cómo llegar ahí.

Dentro de ti arde una mínima llama que grita: *"¡quiero más de ti!"*, *"¡necesito más de ti!"*, *"¡quiero continuar siendo alabanza para tu gloria!"*, *"¡renuévame con tu poder!"*, *"¡no cambió mi amor por ti!"*, *"¡no te olvides de nuestro pacto, de mi llamado, de mi asignación divina!"*, *"¡quiero dar por gracia de lo que por gracia me diste!"*, *"¡no te olvides de mí, Señor!"*.

Esa fue mi situación, anhelaba que esa llama volviera a arder... Lo busqué con anhelo, ¡y lo encontré! Estando cada día en su presencia, aun con mis cambios de humor o ánimo, permanecí bajo la cobertura de sus alas. El calor de los carbones encendidos por Él no permitía que mi llama se apagará; tal vez disminuyó, pero nunca se apagó. Allí, en ese lugar, en medio de un culto, escuché su voz. ¡La belleza de oír la voz de Dios en el espíritu radica en que logras ver cosas que ningún ojo vio!

Vi más allá por el Espíritu y entendí que Él quería que fuera parte de un Congreso en Colombia. Se trataba de un evento donde nuestros pastores, adoradores y parte de los líderes de la casa estarían ministrando. Dios me indicó que fuera y no me permití cuestionarle. Dentro de mí albergaba la esperanza de renacer y que despertara en mí, una vez más, la incomparable llama de su fuego.

Consulté con mi esposo si veía posible ocuparse esos días de la familia y él, sin titubear, me dijo que sí. Mi hija menor anhelaba hacer el viaje conmigo, y Dios lo hizo posible. Dios me mandó dar ese paso de fe que implicaba servirle a kilómetros de distancia, en otra nación, para llevarme a un lugar donde activaría mi atmósfera profética para continuar con mi asignación divina en Él. Una nueva unción para una nueva asignación divina.

Este mover de Su voz en nuestro interior nos acerca a sus propósitos y a su buena voluntad para con nosotros. Cuando escuches la voz de Dios, obedece sin cuestionar, sin tener que entenderlo todo, dile que sí y verás como sus planes de bienestar y propósitos eternos se comenzarán a manifestar en tu vida.

Hubo varios factores que provocaron que ese año la llama de mi fuego se debilitara. Antes de ser afectados por la pandemia del COVID-19, yo había pasado *"el batón"*, respecto a mi liderazgo en el ministerio de los niños que había desarrollado por diez años. Allí lideré, ministré y pastoreé con gran amor y pasión, pero tuve certeza absoluta de que había alcanzado todo el aprendizaje posible dentro de ese ministerio y quería ir a cosas mayores en el Señor.

Lo dejé todo en orden para que otra hermana asumiera ese amado ministerio. Luego de ese paso de fe para crecimiento espiritual acontecieron muchas cosas: nuestro amado pastor fue sometido a una delicada intervención quirúrgica: un trasplante de hígado, y el equipo de líderes asumimos la responsabilidad de conducir la iglesia, en tanto que volvía nuestro pastor principal. Fue un tiempo de victoria: un hígado nuevo en el cuerpo del pastor y una gloria más pesada en del cuerpo de Cristo.

En todo ese tiempo, yo ministraba en lo que me tocara, pero siempre quedaba un hueco en mi espíritu, un leve vacío cuya causa yo no lograba discernir. Con esa extraña sensación conviví durante tres años. Como nuestra vida está atada a un propósito eterno, estar fuera de él provoca un vacío existencial en nosotros. Seguí adelante, sirviendo en lo que asignasen y en todo lugar donde estuviera, pero sentía que no era suficiente para mí.

Llegué a sentirme como Pedro dentro de la cárcel, pero desde allí, justo como él, comencé a florecer y continúe liderando. Es importante que cuando estemos desanimados, cansados o en pruebas, busquemos respuestas en el lugar correcto y no nos sentemos a quejarnos o compadecernos de nosotros mismos. En nuestra humanidad nos cansamos, pero no olvidemos que junto con nuestra humanidad está nuestra ciudadanía del cielo y aunque sintamos que nuestro cuerpo se va desgastando, nuestro espíritu se renueva y fortalece cada día más en Él. (2 Corintios 4:16)

Yo oraba, me gozaba en la adoración y me esforzaba por traer mejores costumbres a mi estilo de vida para que como hija de Dios nutrieran nuestra relación y me ayudaran a encender de nuevo esa llama. En ese proceso me enfoqué en leer más libros que ayudasen en mi edificación y en uno de esos libros en particular Dios me proporcionó herramientas de crecimiento.

En esa lectura entendí que *"los líderes no necesitamos un lugar de autoridad para ejercer nuestro liderazgo, sino que allí donde Dios nos coloque aflorará Su diseño y nos moveremos en Él. Nuestra influencia se moverá en nosotros con o sin título".* (2)

Dios trabaja aun cuando creemos que hemos quedado en el olvido. En mi mente yo tracé una idea perfecta de hacia dónde iría una vez que entregué la responsabilidad del ministerio de niños, pero nuestro Padre tiene pensamientos y caminos más altos que los nuestros. Por eso yo atravesaba lo que me parecía un desierto, sin saber que esas pruebas me estaban preparando para recibir el anhelo de mi corazón de *"más en Él"*.

Entre las pruebas que enfrenté, hubo una que me sacudió con extrema dureza, fue la pérdida de un gran hermano en la fe, Melvin, a quien considerábamos parte de nuestra familia más cercana. La partida de Melvin sacudió mi suelo y el de mi familia. El dolor era doble: de un lado la pérdida de lo que significaba para nuestro hogar, y del otro la enorme empatía al ver a su esposa sin lo que fue el gran amor de su juventud, así como el de nuestros amados sobrinos en la fe, sin su superhéroe.

Ante los ojos de muchos yo aparentaba estar bien, pero la realidad era que tardé en sanar este proceso de pérdida, y durante ese tiempo yo estaba como en *"neutro"*. Continuaba haciendo las cosas en amor para con todos, pero no lograba fluir con ese fuego y pasión del Señor que me caracterizaba.

En el proceso pude entender que el tiempo de sanidad es diferente en cada persona, y que las pruebas tienen el propósito de proporcionarnos la revelación y la gloria que necesitamos para ir hacia la siguiente asignación de Dios, con la unción necesaria. No hay prueba que Dios permita que atravesemos y que no nos guíe a reflejar un corazón similar al suyo.

Somos creados en Cristo para buenas obras, las cuales justamente preparó de antemano para que anduviésemos en ellas. Y... ¿Cómo caminar en ellas sin ser perfeccionados en el camino que nos trazó? ¿Seríamos igual de empoderados y efectivos en el reino, sin pasar por nuestros procesos y sin cargar la gloria que sigue a los mismos?

No existen los atajos en el crecimiento espiritual. Nuestras pruebas tienen un propósito específico, y son diseñadas únicamente para cada uno de nosotros.

En su perfecto plan nos hace partícipes y nos empodera, para, a través de la gloria que cargan nuestros testimonios, otras vidas sean alcanzadas para su gloria. Es por ello que no debemos comparar nuestros procesos con los de otros, ya que cada cual tiene un camino trazado para ser quienes Dios nos predestinó ser. Es necesario que le conozcamos y creamos que somos merecedores de ser parte de ese gran plan suyo para empoderarnos para su gloria. Después de todo, ¿cómo podríamos conocer al Dios de lo imposible si no atravesáramos por nuestras imposibilidades?

Aunque sentía que había tardado en lograr mi sanidad interior, sabía que alcanzaría la gloria que Dios me tenía preparada una vez concluido mi proceso. Lo importante era llegar y ¡llegué! Llegué por su misericordia, llegué por designio divino, llegué por las oraciones de una madre y un padre espiritual que no se rindieron y se negaron a perder una hija, una guerrera, una sacerdotisa.

Llegué porque su Palabra es inconmovible y también lo es su fidelidad. Llegué porque soy alabanza para Jehová y esa es la definición de quien soy en mi vida, el propósito por el cual habito en la tierra: para alabarle, adorarle, glorificarle, exaltarle, honrarle y darle a conocer a través de mi vida.

Soy y somos ciudadanos del cielo y si no reconocemos de dónde venimos, por qué estamos aquí y hacia dónde vamos, se nos hará difícil caminar para encender esa llama de fuego que queda tras un fuerte proceso. Lo único que nos puede sostener y levantar con más poder es permanecer en los brazos de nuestro Padre Celestial, junto a los carbones encendidos por Él, que son nuestros hermanos y personas amadas.

Dándole cada día, a través de nuestras vidas, alabanza y adoración al Rey en nuestro altar de sacrificio (sí, aun con el dolor de pérdida), surgirá la más exquisita fragancia a sus pies. Fragancia que, por el dolor experimentado, honra al Padre en una forma más excelente, pues le dice: *"¡te reconocemos y glorificamos por encima de cualquiera que sea nuestra circunstancia!"*, *"¡porque eres merecedor de toda ella, en todo tiempo!"*

¡Entender que yo soy la ofrenda fue su revelación! Lo estuve declarando por mucho tiempo y esas declaraciones actuaban a mi favor. ¡Sin saber, llené la atmósfera con el propósito de mi vida..! ¡Soy alabanza para Su gloria! Eso era lo que de continuo salía de mi boca. Soy una ofrenda a Jehová y Su fuego arderá de continuo en el altar, no se apagará. Seré la persona que me predestinó a ser en Él, para así traer buenos frutos a su reino, para su gloria y cumplir con mi propósito, razón por la cual habito en la tierra. (Levíticos 6:12-13)

¿Leíste cuándo se ofrecían holocaustos en el periodo del Antiguo Testamento? De mañana, de noche, durante días especiales. ¡Continuamente! Así ha de ser en nuestra vida... Ya sea en mis momentos de gran gozo o en mis más grandes tribulaciones, mi vida es y será la más grande ofrenda que ofrecer a mi Dios, y Él estará conmigo, y Su fuego arderá continuamente en el altar; no se apagará. (Levíticos 6:13)

Soy alabanza para Su gloria y por eso mi adoración vivirá en mi corazón, pero será manifestada a través de todo lo que soy. ¡Y cantaré alabanzas a Jehová con gran júbilo y la llama de mi fuego estará encendida por Él y para Él!

¡Seré ofrenda agradable a Jehová y su fuego encendido en mí alcanzará toda cosa que toque en su nombre y serán santificadas!

Una vez que Dios enciende esta nueva llama en mí, no iré más ante su trono con una misma adoración. ¡Mi vida es mi mejor ofrenda a Jehová, por eso daré lo mejor de mí ser cada día, para que, en cada encuentro con mi amado, mi vida se convierta en instrumento para dar a conocer las grandezas de su santo nombre! Así que levántate, remueve las cenizas de lo que fue tu proceso y refuérzate en la idea de que "*¡Tu vida, como ofrenda, es a Jehová, y que se manifieste la esencia completamente de Dios en ti!*".

¡Eres la alabanza para Su gloria, por lo cual te hizo acepto en el Amado!

10

¿Cómo Se Aviva el Fuego?

Probablemente, conozcan la forma en que se produce el fuego, no obstante, permitan que les explique: Para producir fuego, se necesitan tres elementos básicos, que son: combustible, oxígeno y calor. Es necesario, además, que los tres interactúen para lograr producirlo. En el fuego físico y natural se necesita de un material combustible, en presencia de oxígeno y a una temperatura extremadamente alta que lo convierta en gas.

Observemos ahora el ámbito espiritual, ¿qué herramientas necesito para encender un fuego? ¿Cómo avivar un fuego que existía, pero que fue extinguido a causa de una fuerte tormenta emocional o espiritual? En este caso el material combustible seríamos nosotros. Nuestras vidas con propósitos divinos, que, en presencia de nuestra fe, nos empuja a la oración, para activar el fuego de Dios.

Pero, ¿qué sucede cuando tus fuerzas no te dan para orar? Sigues dentro de los propósitos divinos, con tu fe presente, pero el peso de la prueba no te permite expresar ni tan siquiera una oración, y mucho menos alabanza a Jehová. Sientes la opresión de la prueba sobre ti y te preguntas cómo salir de ahí.

Son los momentos cuando necesitamos que alguien levante sus manos por nosotros. Es aquí donde vemos la importancia de contar con personas de Dios con visión, que estén y tengan la capacidad de amarte por encima de tus procesos. Serán provisión del cielo y levantarán tus manos en el tiempo difícil, son hermanos que aman y asumirán el reto de alzar oraciones al cielo, enviando ángeles de Dios que lucharán a tu favor para levantarte.

Muchos hombres y mujeres de Dios con grandes liderazgos tratan de encender, mediante sus fuerzas y recursos, la llama del fuego que se extinguió. Intentan revivirse y levantarse confiando en la habilidad e inteligencia adquiridas a lo largo de su trayectoria. Bajo esta línea de pensamientos, dejan de tomar en cuenta a Dios, y apartan la obra del Espíritu Santo para guiarles hacia la siguiente asignación divina. Otros, continúan usando sus dones para volver a encender ese fuego, sin entender que también los dones son conferidos por Él y para Él, y olvidando que las pruebas son procesos que Dios usa para perfeccionarnos. Después de todo, ¿Qué somos sin nuestros procesos de vida? Personas comunes e irrelevantes.

Y, ¿qué somos luego de nuestros procesos en Dios? Pasamos de lo común a lo extraordinario de Dios. ¡Nos convertimos en esas vasijas en las que habita su poder excelso, somos nuevos recipientes de unción fresca de alabanza para su gloria! ¡No es lo mismo creer, tener el conocimiento de lo que Él quiere decir en su Palabra, que experimentarlo en revelación, para hacerte partícipe de sus planes, al esa palabra, darte vida y habitar en ti con el propósito de ser esparcida a través de tu vida!

¡Así se mueve Dios, haciéndote partícipe de su gran plan para alabanza de su Gloria!

No permitas que tus procesos temporales te desenfoquen de tu propósito eterno, sino más bien te lleven al cumplimiento de ello. (Véase 2 Corintios 5:18-19)

¡No temas a lo nuevo que trae Dios para tu vida! Aprende a distinguir los tiempos y cuando te corresponde descansar en Él.

¡Permítele trabajar y mostrarse, y luego entra en ese nuevo tiempo profético de Dios para ser quien Dios te predestinó ser! (Lee Levítico 6:8-18)

11

Moviéndonos en Obediencia para Encender Su Fuego

M e tocó caminar en una nueva tierra, Colombia. Un lugar donde nuestra Iglesia fue a ministrar a través de los diversos dones y llamados. Para mí supuso poner distancia de mi parentela y dar un gran paso de fe que me costó esfuerzo y sacrificio. Fuera de mi dominio y de mi zona de confort, un lugar donde rompería mi vaso de alabastro, derramando mi perfume sobre sus pies.

¿Qué no hay que viajar para lograr escuchar su voz? ¡Cierto! Él nos habla donde quiera, pero en mi caso fue su voluntad moverme a una atmósfera profética para llenarme con una fresca y nueva unción. Apenas hubimos llegado a Colombia, transcurrida la primera noche, enfermé, y comencé a cuestionarme muchas cosas.

¿Realmente Dios me había movido a viajar tan lejos para enfermarme? ¿Acaso era esto parte del plan de Dios? Tal vez te ha ocurrido algo parecido. ¿Diste grandes pasos de fe y luego lo cuestionaste? Es normal que en nuestra humanidad cuestionemos las decisiones tomadas cuando no vemos resultados positivos con prontitud.

Sin embargo, es necesario activar la fe para entender que Dios tiene siempre un plan y sus pensamientos son más altos que los nuestros, así que miremos los panoramas en fe y aguardemos los resultados con paciencia. Bien aconseja Santiago que pidamos con fe y sin dudar.

Mi viaje era parte del plan divino para mi vida. Esto fue necesario para ser sensible a su voz, para tener un tiempo a solas con Él y ver como sus cuidados continuaban conmigo a donde quiera que yo fuera. Intervino de forma directa y también a través de mis padres espirituales, mis pastores.

Aquel fue un lugar donde comenzó a quebrantarme, desechó mentiras del enemigo que había plantado en mis pensamientos y trajo sanidad a mi corazón para poner en mí un nuevo nombre y una nueva asignación.

Debo aclarar que, luego de conocerle, nunca me aparté de su amor y caminos, y vivo intentando dar frutos para Su Reino, pero en el camino surgen fuertes pruebas, como la que ya mencioné: perder personas que son columnas y cuya partida estremece tus cimientos, pero Jehová tiene cuidado de nosotros y nos permite entrar en un avivamiento para continuar su obra con mayor poder para su gloria.

¡Ciertamente, Dios me vino a visitar y encendió la llama! Pase todo un año, 365 días, exactamente buscando salir de ese estado de *"neutro"*, que no me permitía moverme en la plena libertad de su llamamiento. Justo después de un año, en el día 366 de haber experimentado la pérdida del ser amado, la misericordia de Dios me alcanzó.

En una noche de ministración el Señor se llevó la carga pesada y esa nueva obra la continuó perfeccionando con el pasar de los siguientes días. Cumplimos con la misión de ministrar en ese hermoso país y pronto regresamos a nuestra isla. ¡Cuánto gozo sentí al llegar y abrazar a mi familia nuevamente!

A la mañana siguiente, ya en mi hogar, algo nuevo y sobrenatural se palpaba en el ambiente de mi habitación, una nube de unción llenaba el lugar, y sentí su voz hablando directamente a mi corazón. Pasar tiempo a solas con Él era lo que necesitaba, intimar con mi Papá que me mostrase Su amor y me hablase a través de Su Palabra, ese fue el mejor regalo de fin de año y comienzo de uno nuevo.

Todo ese primer mes de vuelta a casa Dios me ministraba, una fuerte presencia se manifestaba sobre mí cada mañana, tarde y noche. Dios estaba comprometido con mi restauración, la misma que está disponible para cuantos se atrevan a romper sus alabastros de perfumes rendidos a sus pies.

Mientras el Señor continuaba perfeccionando su obra, levantó la atmósfera profética sobre mi hija, que había viajado allí conmigo. No faltó tiempo para que el enemigo se levantará enfurecido y al siguiente día, cuando me dirigía de madrugada al trabajo, un auto venía justo de frente en mi mismo carril, y me iba a impactar.

No sé cómo, frené bruscamente mi vehículo y clamé al Señor por cobertura y la misma me alcanzó, logré rebasar al otro vehículo, que pasó casi rozando el mío, pero no me tocó. Fue un gran susto, y percibí en mi espíritu que ese suceso había sido un ataque del infierno.

Esa misma noche conté lo sucedido a mi esposo y mi hija, y esta se sorprendió y comenzó a preguntar más detalles de lo acontecido. Finalmente, me explicó que esa madrugada escuchó una voz que le decía que su mamá iba a morir en el auto y ella despertó y comenzó a orar por mí.

Cuando pasas por pruebas y experimentas nuevas revelaciones de la soberanía del Señor, no tan solo sales impregnado con su esencia y un mayor peso de su gloria sobre tu vida, sino que recibes nueva asignación, y en consecuencia seguirás siendo probado.

¿Y tú, has llevado esa nueva porción de gracia que el Señor te entregó? ¡Tienes un nuevo depósito para lo nuevo que se levante! ¿Acaso no saben que es en la adversidad donde se prueba nuestra fe? Cuando nuestra constancia en el Señor se haya desarrollado plenamente, seremos perfectos y completos en Él y no nos faltará nada. Dios nos bendecirá cuando superemos la prueba y recibiremos la corona de vida que Dios ha prometido a quienes le aman.

Cánsate de vivir sin expectativas de algo mejor para tu vida, no te adaptes al estilo de vida que dicta el mundo. ¡El mundo te llenará de riquezas perecederas, pero las del cielo te llenarán por la eternidad en Él! ¡Vive una vida con propósitos!

¡Es hora de que te atrevas a moverte en Él y no permitas que las pruebas te destruyan, sino que te empoderen! Recordemos que el ocuparnos del espíritu es vida y paz. (Santiago 1:3-12 / Romanos 8:6)

Por mi parte vivo más que agradecida por su amor, fidelidad, bondad y propósitos de vida para conmigo y mi casa. Decidí sumergirme bajo la atmósfera de lo nuevo de su Espíritu para mí.

Si tú le diste morada en tu corazón, permite que reine en todo y no solamente en lo que creas, que te es conveniente. Muévete por la dirección de su voz, para expandir su reino y llenar tus días con su inagotable amor y propósitos eternos.

Si tu fuego menguó por una prueba inesperada que movió todo tu cimiento y te es difícil mantenerte de pie, no te rindas. Él está presente y lo estará hasta el fin. ¡Mantente cerca de los carbones encendidos, y en tu altar de sacrificio rompe el alabastro de tu mejor perfume delante de su presencia!

¡Qué la nueva llama encendida sobre tu altar, sea más gloriosa que la primera, para su gloria y honra!

Presta atención a tu oración, porque El-Roi te sorprenderá, y te responderá para bien.

12

Sanando Heridas para Afirmar los Pasos

P ara el creyente es una gran bendición desarrollar una vida de servicio a nuestro Dios, pero a mayor unción mayor demanda del cielo.

Permite que regrese a mi experiencia personal: continuaba caminando hacia lo nuevo que Dios traía a mi vida, debo compartirles que no todo el camino resultaba sencillo ni se veían bonitos los matices, ¿la razón? Los matices oscuros estaban relacionados con el crecimiento. ¿Recuerdas cuando eras niño y experimentabas los dolores del crecimiento? Cuando mis hijos eran pequeños había épocas en las que, sin estar enfermos, me decían que tenían dolor. Acudíamos al pediatra y, tras una completa revisión, concluía que los dolores eran normales, pues estaban relacionados con el crecimiento: el desarrollo de las extremidades producía esos dolores.

Exactamente así ocurre en el ámbito espiritual, al ensanchar nuestro templo estamos rompiendo con cosas de nuestra mente humana. Se rompe nuestra percepción de las cosas lógicas para entrar a la excelencia de la soberanía de Dios, la cual no tiene espacio para la lógica natural.

Al entrar en la dimensión de lo sobrenatural en Él, nuestras mentes finitas son impactadas por Su poder y este crecimiento sobrenatural tiene como asignación, no solo mostrarnos algo nuevo de Dios, sino que a través de nosotros tendrá la capacidad de llegar a otros, para así manifestarse más poderosamente y nosotros ser efectivos en sus mandatos, es de esta manera que podríamos manifestar sus mandatos.

Este crecimiento sobrenatural no solo nos muestra algo nuevo de Dios, sino que a través de nosotros se manifestará poderosamente a otros su esencia, así podremos cumplir con el mandato inicial de *"enseñorearnos, ser fructíferos y multiplicarnos"*, según su perfecto diseño divino. (Génesis 1:27-28) Para dar lo mejor, debemos entrar a lo mejor, y esto solo se halla en Su presencia, donde somos impactados por su persona y llenos de su plenitud, y así poder emanar su esencia.

Para quienes aman ministrar, no hacerlo plenamente se convierte en una prueba que afecta su relación con Dios y sus propósitos. Vivir para Cristo y alineados con Sus propósitos permite que nuestro espíritu, sujeto al Suyo, se manifieste de una manera más excelente. Vivir dentro de Su Reino implica avanzar de gloria en gloria, como parte de Su diseño perfecto.

En mi caso, cuatro años después de entregar el relevo del ministerio en el que serví durante diez gloriosos años, no dejé de colaborar en diferentes áreas, todo lo que llegaba a mis manos por hacer lo hacía diligentemente, pero nada llenaba en su totalidad esa necesidad que sentía en mi espíritu de dar a plenitud por gracia de lo que por gracia ya había recibido.

Mi expectativa era alta, pues sabía que había sido diligente con mi don, y para entrar a lo nuevo de Dios yo tenía un corazón correcto, dispuesto a dar todo lo que a Él le había placido confiarme. ¡Y un corazón que se dispone a dar para su gloria, Él lo usa! Dios trajo a mi memoria la parábola de multiplicación de los talentos, pues bien entendía que fui diligente con los primeros y me multipliqué en ellos, por lo que sabía que Él me confiaría más, para continuar la multiplicación de buenos frutos para la obra de su reino.

¿Y qué matices no me parecieron bonitos en el camino? Les cuento, aparte de no sentir que estaba dando plenamente el depósito que había en mí, atravesaba por un tiempo donde experimenté la soledad dentro del cuerpo de Cristo, es decir, entre mis hermanos de la fe, especialmente los que eran parte del liderazgo. Para mí era importante, no solo ser fiel a Dios, sino también a los ángeles de la casa en donde sirvo. Como sacerdotes de Dios debemos tener presente que Él no nos siembra en los lugares por casualidad, sino que nos une a uno de sus sueños y es ahí donde nuestra semilla aflora para dar vida a un fuerte arbusto capaz de albergar sobre la extensión de sus ramas a más vidas para su gloria. (Mateo 4:30-32)

La iglesia donde servía pasó por duros procesos: el trasplante de hígado de nuestro pastor, que implicó largos meses en los que el equipo de líderes se quedó a cargo de la casa; el cierre de la iglesia por Pandemia, la pérdida de un tan amado hermano de la fe.

En medio de todo seguimos sirviendo, aunque con muchos límites, causados por las restricciones resultantes de la pandemia. Así pasaron esos cuatro años donde sentía la soledad adherirse a mi corazón. El sentimiento crecía a causa del temor de las personas a manifestar expresiones de cercanía, como saludos o abrazos, por miedo al contagio del COVID-19.

A consecuencia de esta distancia y del vacío que dejó la ausencia de aquel amado hermano que murió, se abrió en mí una pequeña grieta que el enemigo quiso aprovechar, y comencé a experimentar esta soledad interna más profundamente cuando los que eran parte del mismo liderazgo al que yo pertenecía no me tomaban en cuenta en algunas planificaciones.

Yo sabía que estaba siendo probada, pero dolía el verme fuera de varios planes, pero yo continuaba siendo fiel aún en medio de todo lo que se había suscitado. Yo sabía que era parte del sueño de Dios a través de esa casa y mi lealtad me había hecho fiel a esa visión, por lo cual tenía que mantener abiertos mis ojos espirituales por encima de sentimientos y emociones para no dar paso al enemigo en medio de mi prueba.

¡Por encima de cualquier prueba, recordemos que a los administradores de los ministerios de Dios se nos requiere que seamos hallados fieles!

Hasta que llegó un día en el que ese sentimiento me ahogó y tuve una conversación más seria con el Señor, donde le expresé que mi fidelidad hacia Él era firme y nada me alejaría de Su amor, y que le serviría en cualquier casa, pero necesitaba tener claridad y paz con respecto a la casa donde me había plantado. Necesitaba saber si ya había culminado mi servicio ahí y Él me movería a otro lugar en su orden, o si ese sentir era parte de una prueba suya y debía permanecer donde estaba.

Sé bien que el enemigo usa este tipo de artimañas, haciéndote sentir de sobra en la casa donde el Señor te puso, lo hace para estorbar Su obra. Así que me acerqué en clamor y con dolor en mi alma, con temor a lo que pudiera contestarme, le hablé con el corazón en mano y por primera le pedí una señal clara: le dije que, si Él quería que yo permaneciera allí, necesitaba escuchar a una persona en particular diciéndome que me amaba; entonces me quedaría. Te aseguro que no hice eso por inmadurez, sino por el sentimiento que me ahogaba; necesitaba ser libre de las mentiras que el enemigo quería establecer en mí.

En este punto es donde este relato se une al viaje que hicimos a Colombia. Resultó que en respuesta a esto el Señor puso en mi corazón el unirme a este viaje. Allí tuve la contestación a mi pregunta. ¡Y viaje!, y el Señor me mostró muchas cosas que necesitaba ver, pero con los ojos espirituales. Trajo nueva sanidad interior. Sentí la libertad de la carga tan pesada que arrastraba por la pérdida de aquel gran hermano. Nadie conocía lo que yo había estado atravesando en este último año, pero el Señor escuchó mi oración y conforme a sus planes de bienestar para mi vida fue respondiendo y poniendo todo en orden.

Me permito sugerirte que, junto a la oración que levantas en tu lengua nativa, no dejes fuera el orar en lenguas si tuvieras este don manifestándose en ti. Al orar en lenguas es el Espíritu el que intercede de acuerdo a nuestra necesidad, en ocasiones pide por cosas que nosotros mismos desconocemos. Y si aún no has manifestado ese don, pídele al Señor, sin temor alguno, y Él te lo concederá. Si el Espíritu del Señor ya habita en ti, sus lenguas, de igual manera, solo necesitas que se hagan manifiestas a través de tu vida, verás como las mismas serán para bendición de tus días.

Durante el primer culto en el que ministramos en Colombia, el Señor contestó directamente a mi pregunta. No escuché la contestación de boca de la persona a quien iba dirigida la pregunta, sino que, para que no me quedase duda de que Dios estaba presto a mi oración, la contestó Él mismo por medio del profeta de la casa. Y la respuesta, aunque pareciera simple para algunos, era y es muy significativa para mí. La pregunta que era la señal que le había pedido a Dios iba dirigida a mi madre espiritual y era la siguiente: *"¿me amas?"*

El profeta estaba trayendo palabra de Dios a mi pastora, de pronto se giró hacia mí y, refiriéndose a mi pastora y a mí, dijo: *"son como Noemí y Ruth... la ama como a una hija, literal, dice el Espíritu. "La amas como una hija y ni por una hija pelearías tanto como peleas por ella".* A continuación, me dijo a mí: *"y lo que ella está pidiendo te será desatado".*

¡De ese modo maravilloso mi oración fue contestada y pude abrazar a mi madre espiritual y junto con ella la manifestación de sanidad interior y la promesa de buenas nuevas sobre mi vida!

Nadie conocía lo que me aquejaba, así que sin duda alguna mi pregunta fue escuchada por el Dios que me ve aún en lo secreto y contestada por Él mismo, pero no tan solo la contestó, sino que suplió toda necesidad y afirmó mis pies bajo la nueva atmósfera que estaba preparándose para mi casa. ¡Cuán bello es nuestro Dios para con nosotros sus hijos! ¡Está atento a nuestras oraciones y suple a plenitud nuestras necesidades, aún aquellas que ignoramos!

De regreso a mi país, una de las manifestaciones que seguí experimentando con más frecuencia fueron sueños del Señor. Habían transcurrido unos diez meses cuando soñé que estaba en otro viaje misionero y junto a un buen grupo de hermanos de la iglesia paseábamos por la ciudad, cuando de pronto vino a mi memoria que no había hecho una de mis maletas.

Yo había viajado, pero había olvidado preparar y llevar ese equipaje, pero no me atrevía a decírselo a nadie. Subimos a un vehículo, estaba mi esposo y otros hermanos, pero yo no quería contarle a nadie lo que me sucedía, temerosa de que fueran a considerarme una despistada. Entonces miré hacia la izquierda y vi a un joven alto, de pelo negro, tez blanca, rostro amable y bien parecido; por alguna razón le conté lo que me ocurría y comencé a llorar con mucho sentimiento.

Esa persona permanecía a mi lado en completa paz, como comprendiendo todo lo que me acontecía. Me inspiraba confianza, por lo que me pregunté quién sería él. De pronto tuve la revelación y entendí que hablaba con un ángel, mi ángel. Aún en el sueño y antes de abrir los ojos, sentía al Señor ministrándome. Desperté y seguía sintiendo su presencia de forma evidente.

En ese sueño Dios contestó dos preguntas y peticiones mías a la vez. La primera hacía referencia a lo que estuve experimentado en los últimos cuatro años, cuando no estuve liderando ningún ministerio y experimenté la soledad. Entendí que el propósito de estas experiencias, incluyendo el sentimiento de *"soledad"* era para catapultarme hacia algo más excelente, donde tendría que depender directamente de Dios, independientemente del mundo a mi alrededor.

¡Mi identidad en Él se arraigó y me mostró a Cristo! Me permitió ver su reflejo en mí. ¡Y no hay mejor espejo que verte en Cristo! La madurez espiritual se adquiere confiando y dependiendo de Él. Segundo, pocos días antes del sueño le había pedido que me dejara ver a mi Ángel. Sabía que tenía uno asignado y lo quería ver y sé que a través de aquel sueño me concedió este anhelo.

Dios es un Dios de detalles y tiene los más hermosos guardados para quienes le aman y lo procuran. ¡Cómo podríamos pasar por la vida sin agradecer al Señor por llevarnos de la mano a nuevas dimensiones en su Espíritu!

Siguió manifestando sobre mi vida sus grandezas; las oraciones que mi pastora hizo a favor mío fueron contestadas, así que tomé la firme decisión: *"si voy a entrar a mi nueva asignación divina y voy a escribir y a ministrar por medio de ellos, lo haré desde lo revelado por Dios y experimentado por mí"*. Ya dijo Él que: *"soy su recipiente de gloria y poder"*.

¡Tú también lo eres! ¡Deja que su gloria se muestre a tu vida y que a través de ella llegue a los demás!

Ahora bien, todo lo vivido durante aquellos cuatro años pude haberlo visto bajo el prisma humano y natural, dando lugar al enemigo, enfocándome en el sentimiento de pérdida y soledad. Eso habría traído fracaso. Pero opté por mirarlo bajo la perspectiva real, valorando la soledad como una oportunidad para que el Señor trabajara conmigo, por lo que si no pasaba por esto no podía entrar a esta otra dimensión donde realmente dependo de Dios y puedo llevar esta nueva gloria excelsa a otros.

Ver las cosas desde la plataforma de Dios es desarrollar nuestro carácter en Él. Eso es mirar con madurez a través de sus pensamientos. Cada uno de nosotros decide el enfoque de su mirada en la prueba. Dios usa cualquier circunstancia para darse a conocer y si estamos prestos a Él y abiertos al crecimiento, usará nuestras pruebas para que su gloria sea manifiesta.

Para mí no fue sencillo permanecer en el Señor sintiéndome excluida del cuerpo, pero la convicción de quién soy en Él me ayudó a vencer. Es fundamental que tengamos nuestra identidad clara en el Señor para poder ver las cosas con madurez espiritual. Así será difícil engañarnos para llevarnos fuera de nuestros propósitos y de Su presencia.

Debo hacer la aclaración de que experimentar soledad dentro del cuerpo de Cristo no es algo que deba tomarse como normal. Si estuvieras experimentado algo así, te animo a mirarlo con detenimiento y hablarlo con un ministro. Eso te ayudará a evitar que tu corazón sea lastimado. Estas situaciones se hablan, se ordenan y se sanan. Utiliza los canales correctos para dirigirte sanamente en los caminos del Señor.

Ahora bien, haciendo referencia a mi caso, el todo de mis experiencias vividas, fue una manera que Dios usó para llevarme a conocerle más profundamente y enseñarme a depender de Él. Durante ese tiempo de crecimiento el Señor tuvo cuidado de mí y a través de otros ministros hablaba a mi corazón, dejándome saber que era meritorio ese tiempo de aprender a confiar en su guía. Sin todo lo vivido en esos cuatro años, no habría profundizado en mi relación con mi Padre.

Glorias mayores que las primeras se manifiestan en nuestras vidas cada vez que su Espíritu nos hace crecer en conocimiento. La sabiduría se nos concede cuando somos buenos mayordomos de Sus primicias dadas a nuestras vidas. En otras palabras, cuando tomemos la actitud, la manera de pensar y obrar y demos frutos y aumentemos la intencionalidad de llenar la tierra de su plenitud, se nos concederá esa porción doble de gloria.

Permitirle a Dios habitar en la habitación de nuestro corazón nos bendecirá, pero dejarle reinar en toda la casa, sin negarle ningún rinconcito, nos llevará a ser la persona que Dios predestinó ser con una mayor unción.

Y en lo nuevo de Él para mi vida, le plació darme un regalo inesperado. Si ya bien tenía la bendición de hablar en una de sus lenguas angelicales, me concedió otra lengua diferente a la que ya hablaba, justo cinco meses después de haber llegado de ese viaje. ¡Glorias mayores que las primeras nos serán concedidas, para darle a conocer más excelentemente para la gloria de su nombre! Es lo que Él nos promete constantemente en Su Palabra.

Gracias a estas experiencias nuevas, pude entender que al Señor le había placido llevarme a una nueva asignación divina, con la cual ministraría a través de otro buen don suyo, en esta ocasión, a través de mis escritos guiados por Él.

De no ser por los procesos del crecimiento, no habría tenido la revelación, ni el empuje de su Espíritu, para entrar a caminar en su perfecta voluntad y así tener la sabiduría y la valentía para escribirles a ustedes. Aunque no entendamos todos nuestros procesos, en todos ellos el Señor estará presente. Todo obrará para bien de quienes le amamos. ¡Aun nuestras pérdidas inexplicables y dolorosas nos revelan que realmente no somos dueños de nada, pero somos mayordomos de todo! Cada pérdida se tornará en ganancia, en el tiempo perfecto.

Y... ¿Qué ganancia podría mostrarte como evidencia? Miremos la finalidad de la historia de Job. El siervo fiel que lo perdió todo y a quien luego Dios le multiplicó lo perdido. Pero ¿por qué no le multiplicó los hijos, quienes eran su verdadera riqueza y le dio la misma cantidad nuevamente? ¡Porque estos no fueron una pérdida para Job, pues los mismos se convirtieron en ganancia del cielo para la gloria de Dios!

Si bien Job siempre daba ofrendas a Dios por temor a que sus hijos obrasen mal y lo que Job tanto temía le aconteció, ciertamente Jehová escuchaba sus oraciones y no permitió que se perdieran, sino que los convirtió en ganancia para su gloria.

El enemigo busca conocer nuestros temores con el fin de hurtar ese plan divino que fue preparado de antemano para nosotros. No te conformes con imitar las costumbres y conductas llenas de engaños y vanidades que llevan las personas en el mundo, más bien entra a la perfecta voluntad de Dios y ¡atrévete a caminar en sus altos caminos! (Romanos 12:2)

Referencias:

1 Corintios.12:31, Mateo 25:14-30, 1 Corintios 4:1-2, Romanos 8:26, Génesis 1:26-28, Romanos 8:28-30

13

La Intención del Corazón

El Elefante en la Habitación del Creyente

¡Y llegue finalmente al *"elefante en la habitación del creyente"*, al cual todos ven, pero nadie se atreve a nombrar!

A menudo, cuando buscamos respuestas, no siempre queremos la correcta, sino la que me conviene escuchar según mis intereses; esto siempre es un problema, pero lo es más para un hijo de Dios que *"quiere crecer, abundar y conocer más al Señor"*, o al menos así debería ser.

Creo que me encuentro en ese momento difícil de los pastores, cuando tienen una verdad que compartir al pueblo de Dios, pero saben que al exponerlo los *amenes* escasearán y el silencio sepulcral se adueñará del templo, pero deciden escuchar la voz del Espíritu Santo que les exhorta a compartir su verdad, pues su llamado no es a entretener y agradar al hombre, sino a ser portadores de la voluntad de Dios para con sus hijos.

Leí un libro que citaba y comentaba un pasaje bíblico (Marcos 1:38); la reseña del autor me ocasionó un coraje inmenso, pues me pareció improcedente, por lo que me adentré en las Escrituras en busca de respuestas y ¿qué creen?, las encontré. El texto relata que Jesús se encontraba sanando, y la popularidad del Maestro llegó a las afueras de Capernaúm. Muchos que escucharon las sanidades que Jesús hacía se dieron cita a las puertas de la casa de Simón, sin embargo, Jesús no se encontraba allí.

Cuando los discípulos le hallaron, le dijeron: *"todo el mundo te busca"*. Para su sorpresa, Jesús les respondió: *"vámonos de aquí a otras aldeas cercanas donde también pueda predicar, para esto he venido"*. La respuesta pudo haber sido chocante para los discípulos y también puede serlo para nosotros si no indagamos en el texto bíblico. ¿Cómo es que el Señor no volvió con los discípulos para sanar a las personas que lo buscaban?

Primeramente, tenemos a los discípulos siendo testigos de las grandezas del Señor y sabemos que ellos eran sus aprendices, por lo que serían parte de lo que Él se proponía hacer. Multitudes le buscaban, y esto provocaba un mar de emociones en los discípulos, las cuales, mal manejadas, podría llevarlos en una dirección equivocada.

Me refiero a que tal vez no sabrían gestionar bien el ser reconocidos y considerados importantes, puesto que eran parte de grandes maravillas. Dejándose guiar por los apegos humanos, podían caer en la tentación de *"enaltecer sus corazones"*. El entusiasmo de ser parte de un tipo de *"espectáculo o centro de atención"*, podría ser usado para desviarlos de los propósitos de Dios para con ellos.

¡Pero ese no es el camino de Jesús! Él solo pensaba en la asignación por la cual su Padre lo había enviado y nada ni nadie lo apartaría de su camino.

Regresando al texto bíblico, Jesús estaba en comunión con el Padre y los discípulos le interrumpieron con la noticia de que multitudes le buscaban, ¿pero, esto no es restarle importancia a ese encuentro de Jesús con el Padre? ¿Hay acaso algo más importante que la intimidad con Dios?

Era el comienzo de su tiempo de ministerio, y podemos entender que aún ellos no captaban la importancia de esta unidad del Hijo con el Padre, donde se originaba la fuente de su razón de ser y de su poder. ¿Podrías acaso ver de casualidad alguna similitud con los hijos de Dios de hoy en día?, ¡por supuesto que sí! Por ello es importante guardar nuestro corazón en Él y para Él.

Quienes lo esperaban en las afueras de Capernaúm iban tras el beneficio de una sanidad física sin la real intención de tener una relación con Dios. Sin embargo, ser sanados sin ser redimidos los llevaría a una pequeña porción de bendición pasajera, pero el Padre quería llevarlos a algo más excelente, que no tan solo les proveyera en su presente, sino que lo podrían llevar a su eternidad. Jesús quería que comprendieran que Él era el Salvador que venía a restaurar nuestra relación con el Padre.

¿Recuerdan los diez leprosos sanados? (Véase Lucas 17:11-19) Jesús les indicó que se presentaran a los sacerdotes, y mientras caminaban fueron sanados, pero solo uno de ellos regresó para agradecer al Señor. Jesús preguntó por los nueve que faltaban, porque había algo más para ellos, y en su ausencia se lo perdieron.

¡El que regresó con gratitud en su corazón, fue redimido! ¡Encontró mucho más que una sanidad temporal! ¿Podemos encontrar algo mejor que la sanidad? ¡Sí!, ¡se llama salvación! ¡Aquel leproso restaurado obtuvo algo que trascendió su vida a la eternidad de Dios!

¡De esto se trata la llegada de Jesús a nuestras vidas! Nos relaciona a tal grado con nuestro Padre Celestial, por medio de su gracia, que nos hace herederos y partícipes de su reino inconmovible para su gloria.

Note que los nueve que siguieron su camino hacia los sacerdotes, representan a quienes se quedan en la religión, bajo dogmas y leyes, pero sin sumergirse en la excelencia de la gracia de Dios. Pero, hubo uno que decidió acercarse a Jesús, para dar su gratitud, y debido a la intención de su corazón, al dar de lo mejor de sí, recibió de lo mejor de las riquezas en gloria del Padre. Más que la sanidad, alcanzó la excelencia de la salvación. De esto se trata nuestro encuentro con Dios.

Tenemos que salir de nuestro confort para transicionar de la religión y habitar en la relación con Papá, es allí donde Él nos da toda buena dádiva que fue preparada para nosotros de antemano, y las páginas escritas por Dios para nosotros cobrarán aliento de vida con propósitos divinos eternos.

Es por ello que, aunque podamos desear en algún momento de nuestras vidas la sanidad física, esta jamás se comparará con la sanidad para nuestras almas, ya que la sanidad del alma trae una transformación profunda que impacta cada aspecto de nuestra vida, nos trae paz, propósito y restauración.

Por otro lado, para abarcar sobre el tema a continuación, primero definamos lo que significa plenitud. El significado bíblico de plenitud expresa la condición de que algo se haya logrado o alcanzado por completo. Es un término que proviene del latín y significa *"entero"*, por lo que tiene un significado cuantitativo. Lo contrario sería escasez o vacío.

Cuando hablamos de la plenitud de Dios, nos referimos a nuestra plenitud que habita en Él y permítame explicarme. Cuando Dios nos da algo nuevo, está tomando de su plenitud para entregárnoslo, nos ofrece lo mejor de Él, que *"abarca un todo"*. Ahora repítalo: *"¡Abarca un todo!"*

Así como envío al segundo Adán para redimirnos de lo que en *"la ley"* no éramos capaces de cumplir, y lo llevó a la excelencia a través de Jesucristo, ahí vemos una muestra de su plenitud, pues lo dio todo. De nuevo, repítalo: *"¡Lo dio todo!"*

Ahora bien, Dios sabe darnos lo mejor de su plenitud, ¿pero nosotros, sabemos darle lo mejor de nuestra plenitud?

• Asistir una vez a la semana a la iglesia, ¿está dentro de lo mejor de nosotros?

• Dejarle cambiar solo algunos aspectos de nuestras conductas, ¿está dentro de lo mejor que podemos ofrecerle?

• Ofrendar de lo que me sobra y no apartar las primicias para Él, ¿está dentro de lo mejor de mí para Él?

• No someterme a autoridades delegadas por Él y no ser obediente a su voz, ¿hablan de mi plenitud como hija(o)?

Debemos interiorizar que para agradar a Dios y perseverar en Él, es menester entregarle nuestra plenitud, todo, y no lo que nos convenga, pues si deseo caminar agradándole a Él, pero a la vez busco agradar al mundo, eso no es posible. O agradamos a Dios con la plenitud de nuestras vidas o agradamos al mundo.

Es una elección que tomamos diariamente, por eso debemos caminar subyugados a Cristo, para que abunde en nuestros corazones y pensamientos y así lo podamos llevar a dirigir nuestros pasos dentro de su divina voluntad. Para ser creyentes prósperos es necesario interiorizar las verdades del Señor, para abundar en ellas y vivir para manifestarlas. Y... ¿Cómo voy a ser obediente a la voz de alguien cuyas verdades no conozco?

Una de las más importantes es: *"creer para poder ver"*, pues no caminamos por vista, sino por la fe, que se traduce como *"lo que creemos ya fue hecho por Dios"*, y cuando así lo creemos, así nos acontece.

Otra gran verdad es que para poder testificar de quién es Dios tenemos que experimentarlo. No se es testigo de algo no experimentado y revelado. ¡Y no se es empoderado de algo no entregado!

Asimismo, se encuentra otra gran verdad, ¡si no lo experimento, mi vida no podrá cargar su gloria y poder! Entonces, como hijas/os debemos entender que no todo lo malo que me acontece proviene del Padre de las alturas, pero todo lo que yo confíe en sus manos, ¡Él lo usará para glorificarse a través de mi vida! ¡Soy un canal valioso e importante para el reino de Dios!

Entienda que si yo le dispongo y entrego todo en mi vida, Él lo usará para glorificarse y esto produce una vida de gloria en gloria! Recuerde que ¡Él quiere señorear en la plenitud de mi vida! En lo bueno y en lo que no parece serlo, porque en ambos Él puede manifestar su gloriosa gracia.

Él quiere lo mejor para nosotros, y la pregunta es: ¿queremos lo mejor o nos complacemos con lo pasajero? ¿Qué sería mayor, el beneficio de un bienestar para mi vida por un día, o la restauración de mi alma para salvación eterna y prosperidad continua?

Como buen consejo, les insto a que restauremos esa relación de hijos con el Padre de las Alturas y llevemos nuestras vidas al mejor escritor, quien sabrá llevar la plenitud de nuestras vidas cada día a prosperidad. Aunque tengamos días difíciles, tenemos la certeza de que Él siempre estará con nosotros y su bondad nos alcanzará y levantará para la honra y gloria de su santo nombre. (Salmos 23) Y dentro de su gran plan, nos hará partícipes de grandes obras para la gloriosa gracia de su reino inconmovible.

Al igual que Pablo expresó su gozo en el Señor en todo tiempo, nosotros también podemos llegar a experimentar a Dios en nuestras alegrías y también en las tribulaciones momentáneas. ¡Experimentarlo a tal magnitud depende de nosotros, porque Él siempre saldrá a nuestro encuentro cuando le busquemos de todo corazón para bendición de nuestros días! (Jeremías 29:13)

Finalmente, su verdad alumbra cuál lucero en nuestros caminos y nos permite ver que en nuestra relación como hijos se nos abrirán puertas más excelentes al buscarle de todo corazón.

La relación con el Padre precederá a nuestra humanidad, pues la relación nos llevará a ser quienes Él dijo que somos, por encima de nuestros deseos carnales o lo que el mundo quiera dictarnos, iremos tras todo lo verdadero. ¡Es nuestra identidad en Él! (Filipenses 4:8)

14

Llevando la Aflicción Pasajera Hacia la Revelación de Su Luz Admirable

Cuando pedimos al Señor crecimiento en Él no solemos esperar que algo acontecerá en el ámbito espiritual antes de ser manifestado en lo natural de nuestras vidas. La Biblia afirma que si pedimos conforme a su voluntad, Él oirá y si nos oye sabemos que tendremos las peticiones que le hayamos hecho. (1 Juan 5:14-15)

Si la intención real de nuestra búsqueda en Él es conocerle para darle a conocer, y si además nos conducimos en acuerdo a su voluntad, Él abrirá tiempos y caminos nuevos. (Salmos 145:18-19, Salmos 23:1-6) ¿Has leído y escudriñado el Salmo 23 con detenimiento? ¡Hagámoslo!

El primer verso de este Salmo nos explica la tarea anterior de David como pastor; indudablemente personalizó la imagen de ser una oveja del Señor. No obstante, Dios también describió su tarea como rey de Israel en términos de pastorear a Su pueblo. David podía asimilar perfectamente la figura de una oveja y también las responsabilidades de un pastor.

La declaración *"Jehová es mi pastor"*, expresa la completa dependencia que el salmista tenía de Dios, a la vez que su plena confianza en que Él supliría todas sus necesidades (comparar Filipenses. 4:19).

Entonces, internalicemos que nuestras pruebas nos llevan a depender de Dios y a poner nuestra confianza en lo que Él hará: suplirá todas nuestras necesidades, y entendamos que todas incluye aquellas que nosotros desconocemos tener, pero que el Espíritu del Señor conoce bien. Es por ello que Su manera de obrar será siempre más excelente que lo que imaginamos.

Regresando al versículo, en otras partes de la Escritura Dios se refiere a sí mismo como el pastor del pueblo. Jesús señaló Su propia identidad como Mesías y Señor cuando se identificó como «el buen pastor» (Juan 10:7-18). ¡Y sí que es nuestro buen Pastor!

Las ovejas solo pueden descansar cuando el pastor ha satisfecho sus necesidades de alimento y seguridad y las ha guiado a una zona espaciosa para que cada una se recueste. Las ovejas también necesitan que se les guíe a fuentes de agua pura y a manantiales reposados, donde puedan beber sin peligro.

Es decir, que una vez que nosotros le permitamos al Señor suplir la necesidad de nutrir nuestro espíritu, nos comenzaremos a sentir seguros en Él y seremos guiados a una zona espaciosa donde, incluso en medio de toda la leve tribulación, podremos recostarnos y descansar en Él.

Por otro lado, cuando una oveja cae de espaldas, el pastor la conforta (la refresca y/o renueva) al ayudarla a ponerse nuevamente de pie; tal vez sepas que una oveja que cae sobre su lomo, sin ayuda muere, porque no puede levantarse sola. Como dice la palabra, separados de Él nada podemos hacer. ¿Y qué muerte nos acontece cuando nos separamos de Dios si no la espiritual? La muerte más peligrosa para nosotros, pues nos separamos de nuestra verdadera identidad y propósito de vida.

Desafortunadamente, muchos no entienden que la muerte espiritual eventualmente es también una muerte física. (Romanos 5:12, 6:23) Ya que cualquier separación de la Fuente de vida es, naturalmente, muerte para nosotros. Esto propicia el que comencemos a vivir toda una vida lejos de los planes de bienestar que el Señor preparó de antemano para nosotros. (Efesios 2:1)

Ciertamente, nuestro Padre nos otorgó un gran regalo de vida por medio de su hijo Jesús (Juan 3:16), pero nuestro libre albedrío permite que sea decisión nuestra el escoger vivir o morir. Y para llegar a vivir plenamente, necesitamos nacer en el espíritu, vivir en Él y para Él, y es ahí y solo ahí donde hallaremos la felicidad plena que solo es concedida por Dios, quien siempre nos guía y nos sustenta con su amor y misericordia infinita. (Juan 3)

Continuando con el siguiente versículo, narra que otra de las cosas que le ocurren al pastor con sus ovejas es que para evitar que una pradera se dañe, el pastor debe mantener el rebaño en movimiento. Sí, leyó bien. Y, ¿qué les parece?, ¡como hijos de luz no podemos estancarnos!, porque dañaríamos esos pastos verdes que nos da el Señor como provisión diaria.

Es por ello que siempre el Señor nos moverá, para llevarnos a más en Él a través de nuestras leves tribulaciones. Y, no sé si te diste cuenta, pero nuestro pastor está más que presente cuando caminamos en fe, tomados de su mano, en medio de nuestros procesos, pues los pastos bajo nuestros pies se mantienen verdes y su provisión nunca falta. (Mateo 6:28-33) Como pastor, el Señor guiará a Su pueblo por sendas de justicia; según Proverbios 4:11-12, es un patrón de vida.

Ciertamente, cuando vivimos dirigidos por nuestro pastor y caminamos en común acuerdo con Él, habrá dirección divina, sabiduría, favor y gracia en nuestro caminar y al movernos en obediencia, dirigidos por su voz y voluntad, su carácter se verá reflejado en las obras donde nos movamos.

Por ello es menester que nuestro carácter continúe formándose por medio de nuestra fe al caminar cada día firmes en Él, y es a través de decisiones correctas que podremos mostrar las virtudes de andar en su verdad y practicar la integridad para semejarnos a nuestro gran pastor y estar listos para vivir bien dentro de nuestros propósitos. (Efesios 6:10-18)

15

¡Caminando por Nuevos Pastos Verdes!

Al pasar el batón del ministerio en el que me desempeñé por espacio de diez años, esa fue mi petición al Padre: caminar por nuevos pastos. En respuesta, fui guiada durante aproximadamente cuatro años a un conocimiento más profundo y pleno del Señor.

Entré a un tiempo nuevo en el que, por Su gracia, adquirí nuevos dones como lo fueron el don de ciencia y sabiduría, otras nuevas lenguas y discernimiento de espíritus; en cada uno de ellos el Señor se revela de maneras majestuosas. Cada día, sin yo ser consciente, todo se orquestaba majestuosamente para guiarme a esos nuevos pastos. Esto no habría sido posible de haber permanecido liderando, pues, aunque el liderazgo lo desarrollaba con naturalidad, moviéndome a través de su guía y sabiduría, aquella posición demandaría el tiempo de crecimiento el cuál iba dirigido a todo lo nuevo en Él. ¡Y cuando hacemos una demanda al cielo y hay propósitos de lo alto contenidos en alguien, propósito y persona se encontrarán, pero lo hará con aquellos que vivan alineados con su Espíritu! (Isaías 55:11, Amós 3:3)

¡El deseo de mi prosperidad en Él se alineó a su divina voluntad y por ello pude comenzar a prosperar en los dichos de la boca de Dios sobre mí! Dios sabe mejor que nosotros mismos cómo llevarnos a cumplir sus propósitos. ¡Sentirme con el cántaro lleno de Él y no dar todo ese depósito Suyo, como exigía esa gracia, provocó que comenzara a escribir!

Cada vez que su Espíritu me inspiraba a escribir y lo hacía, sentía un gran gozo y una sonrisa de complacencia se dibujaba en mi espíritu y otra en la de mi Padre, pues se manifestaba un común y acuerdo orquestado por el mejor compositor. Sentir que cumplía sus mandatos y que me movía bajo esta nueva asignación y don perfecto suyo, era añadir la honra debida a su nombre. Dios sabe cómo llevarnos al cumplimiento de lo que habló de nosotros; por extrañas que nos parezcan ciertas situaciones, es nuestro deber aprender a escucharle, obedecerle, descansar en Él y movernos en fe.

De nuestra parte es necesario tomar la decisión y postura correctas ante cada prueba, así como Jairo, quien no se detuvo por los fuertes ruidos que gritaban sus circunstancias, al escuchar ya en presencia de Jesús que *"¡todo estaba perdido, pues su hija había muerto!"*, entonces, ¿por qué molestar más al maestro?, ¡si ya todo está perdido! ¡Porque a los pies del maestro nada se pierde, sino que más bien se magnifica!

Ante cualquier circunstancia, cuando se unen Su Palabra y tu fe, la Gracia de Dios se libera para tocar nuestro milagro. Por encima de todo el andamiaje y escándalo que puedan levantar las circunstancias, debemos escuchar lo correcto: el consejo de Jesús. Como hizo Jairo, entreguemos todo en las manos de Dios, que del resto se encargará la soberanía de nuestro Buen Pastor, colocando nuevo pasto bajo nuestros pies. (Salmos 32:8)

Y aquí me encontraba ahora. Solía ser una persona que vivía siempre dentro de lo conocido y estable. Así que el Señor utilizó un camino que para cualquier persona no sería la gran cosa, pero Dios sabe cómo llegar a cada uno de nosotros, y utilizó un cambio de empleo, sacándome de mi zona de confort.

Dios me guiaba a un lugar de crecimiento, pero ya hemos dicho que el crecimiento duele y en ocasiones quebranta. Y fue así donde un lugar de trabajo *atractivo ante la vista humana de cualquiera*, me llevó a quebrar algo en mi interior, para dar a conocer verdades del Señor a mi espíritu y poder compartirlas contigo y todo el necesitado de esta nueva revelación por medio de las páginas de mi libro de la vida.

Déjame que te explique: yo trabajaba en un lugar donde la mayoría eran creyentes que profesaban su fe en Dios. Esto lograba que el ambiente laboral fuera agradable para trabajar. Cuando fui inquietada por el Espíritu a buscar nuevos pastos verdes, cambié de trabajo y fui llevada a un lugar donde la ausencia de Dios era palpable. En la inicial entrevista, como el tiempo fue corto, lo percibí todo en orden. El lugar se veía impecable y hasta deseable.

Fue en mi primer día de trabajo cuando percibí algo diferente, pues había algo no visible a los ojos, pero mediante el don de discernimiento de espíritus comencé a sentirme afectada por la carga de actividades de maldad sobre las personas y la atmósfera de aquel lugar. Cabe mencionar que cuando llegué, una de las cosas que me dijeron fue que estaban queriendo cortar con los chismes y murmuraciones, y esa era una de las razones por las que cambiaban de personal; pero el problema era más grande de lo que ellos imaginaban.

Antes de adentrarme un poco más en lo que aconteció, permítanme explicarles ciertas verdades para mejor entendimiento: *"La atmósfera espiritual que nos rodea es resultado del ambiente que creamos con nuestros pensamientos y acciones. Si nuestros patrones de pensamientos y acciones son consistentes, entonces empezarán a alterar el ambiente."* (3)

Así que esa problemática era simplemente el resultado de lo que allí estuvieron alimentando por largo tiempo, y debido a eso no sería suficiente con sacar personas del lugar, pues ya se había establecido un principado que vio la oportunidad de entrar por la ranura de sus malas acciones. Sin que tuvieran conocimiento, este principado ya había tomado el dominio sobre esa área geográfica.

Por otro lado, *"el ámbito espiritual es un lugar verdadero donde existimos, de la misma manera que existimos en el físico y nunca salimos de él"* (4) Coexistimos en ambos. Eso hace importante que seamos consciente de que siempre *"afectamos nuestra atmósfera espiritual, ya sea con nuestros pensamientos, acciones o actitudes".* (5)

Dado que aquel espacio donde llegué a trabajar estaba falto de la presencia de Dios y había malas intenciones y actitudes, la atmósfera me afligió llevándome rápido al quebranto, pues ese don que el Señor me había regalado obraba en mí una sensibilidad espiritual que cada día allí me afligía más.

A cada momento palpaba esa ausencia de Él en cada vida y la maldad que existía en la mayoría de las personas. Aunque el trabajo que realizaba me llenaba y alcancé a superarme a mí misma laboralmente dentro de ese ámbito, lo que percibía en el espíritu me llevó a tener una carga emocional muy pesada que desahogaba en llanto en las tardes y me quebrantaba en las noches.

Sí, muy a menudo, sentía un nudo en la garganta y en mi estómago, al punto de que me impedía alimentarme bien; mi espíritu decaía y con él mi físico. Me sentía desalentada, sin fuerzas, y cada mañana luchaba para lograr levantarme y acudir a ese lugar donde me sentía violentamente quebrantada.

Puedo asegurar que fue la experiencia laboral más horrible que nunca he experimentado, el dolor en mi espíritu era real y el asombro de sentir tanta maldad en el mundo con apariencia de normalidad me tenía aún más desconcertada. Una mezcla de sentimientos que me condujo a la frustración.

En medio del llanto y el dolor que me aquejaba, surgían preguntas a mi Señor: *"¿cómo es posible que me permitas experimentar tanto dolor y desaliento en mi corazón?, ¡si siempre he buscado caminar en tu justicia y vivir agradablemente para ti!*

¿Cómo puede existir tanta maldad y no importarles?, ¿por qué no quieren cambiar esa forma de operar para mejorar el ambiente laboral?, ¡ya no quiero experimentar más este dolor en mi espíritu!, ¡pasa esta copa de mí!"

Ansiaba ver la puerta de salida de esta prueba. Aunque ignoraba cuánto duraría y a dónde me llevaría, muy en lo profundo de mi ser, sabía que en algún momento las aguas de la prueba se calmarían y vería el propósito de ese quebranto. Por supuesto que, ¡ese día lo esperaba con gran anhelo!

No sé si te has dado cuenta, pero en nuestra humanidad, cuando pasamos pruebas, solemos estar tan abrumados, cansados y desalentados que terminamos casi siempre cuestionándole a Dios el porqué de todo, y es que al sufrir los fuertes vientos que traen las tormentas nuestra paz es violentada y en medio de ella perdemos de perspectiva el lugar correcto que Dios nos preparó a su lado en las alturas, y lo miramos todo, una vez más, desde la plataforma de las circunstancias. No es hasta que entendemos que Dios está dentro de la barca y le damos el timón para manejar todo desde su divinidad y no desde nuestras propias fuerzas o ideas, que comenzamos a descansar en paz. Cuando Él toma el control dará orden a la tormenta y todo se calmará.

Como hijos de Dios, tenemos que comenzar a madurar muchas áreas en nuestro carácter humano. Batallamos contra fuerzas espirituales malignas en las regiones celestiales, entonces comencemos a desarrollar el carácter de Cristo para localizar en cada prueba las piezas de su armadura. ¡Toma de cada adversidad una nueva pieza de tu armadura y fortalécete!

Hablando de fortaleza, tras la tribulación pasajera en aquel lugar y la búsqueda en Dios, busqué apoyo y fortaleza en otras personas que me ayudasen a aclarar la visión mientras llegaba el día de la revelación.

En concreto, fueron tres personas de sabiduría que influían para bien en mi vida. La primera me dio ese abrazo que tanto necesitaba y me reconfortó. La segunda dirigió mis pensamientos a ver que Dios me había llevado a ese lugar para darle a conocer y que yo era fuerte en Él. La tercera, como consejo pastoral, me llevó a la visión del Señor al expresarme: *"Dios te conduce hacia algo más excelente que fortalecerá tu carácter en Él"*.

Cada una de ellas me proporcionó aliento de vida y comencé a sentir paz en medio del camino de incomodidad. Mis pensamientos se enfocaron más en lo espiritual que en lo natural. Fue aquí donde comencé a orar más fervientemente en mis mañanas, a declarar su gloria sobre mi cabeza, a entrar a una relación más íntima y profunda con mi Padre y a llenar mi atmósfera de adoración para que Él pudiera llenarlo todo.

Esto abrió caminos a encuentros con su Espíritu que nunca antes había tenido; todas las mañanas una nueva gloria estaba sobre mi cabeza y podía llegar a mi lugar de trabajo alumbrando su radiante luz por encima de toda la atmósfera. Sentí en múltiples ocasiones como la oposición se levantaba en mí contra, pero en mi área no prosperaba, salía airosa por su gracia, pues mis obras caminaban en su justicia y Jehová iba delante de mí y llenaba todo el espacio dentro de mi ambiente.

¡Hasta que llegó esa mañana especial donde en Su visitación se reveló a mi espíritu! Conducía hacia mi trabajo mientras hablaba con el Señor; muy cerca ya de mi destino Su presencia se hizo palpable, tan así, que tuve que detener el auto para darle espacio y tiempo a su manifestación.

¡Nunca antes había sentido una visitación así de su Espíritu Santo! Primero, sentía como Su gloria llenaba todo mi ser, el espacio dentro de mi auto y en toda la atmósfera, nada quedaba fuera de Su presencia.

¡Luego de sentir ese poder habitando en mí, reconociendo que era Él, pero que quería que yo lo percibiese, sentí como todo, todo, todo, sin faltar ninguna cosa, era sujeto a Él! Mis palabras son simples y se quedan muy cortas al lado de la magnitud de la experiencia que el Señor me regaló esa mañana.

¡Una revelación de Su persona como Dios Adonai me había sido concedida y manifiesto! ¡Mi Dios gobierna todo! ¡Todo se sujeta a Él! Es muy difícil explicar este tipo de gloria, pero estas son las palabras que logré encontrar para describirles la experiencia de aquel día. Es el tipo de revelación que, para poder entenderlo a cabalidad, es preciso experimentarlo.

Fue de esta manera como nuestro Adonai me reveló algo de su soberanía, para mostrarme que no debía caminar más en temor en cuanto a las potestades de este mundo, pues todo estaba sujeto a Él, a su autoridad y a su gobierno. Aquella experiencia me llevó a caminar con gozo y paz. ¡Cuán glorioso es experimentar y conocer con más profundidad al Dios que profesamos y amamos!

¿Recuerdan la pequeña niña de la que les hablé en capítulos atrás? Parte de las marcas que habían dejado las malas experiencias en su niñez propiciaron que fuera bastante tímida.

Tras esa prueba y aquella magnífica experiencia, esos temores e inseguridades se disiparon por completo. ¡Cuán glorioso es su nombre!

16

Conquistando Desde la Mente de Cristo

i Y el velo se rompió! ¿Has percibido cuánta maldad oculta y disfrazada hay en este mundo? (Mateo 23:27-28)

Existen tantos demonios en el mundo hoy, como los hubo mientras Jesús caminaba sobre la tierra, e igual que en los días de la Iglesia primitiva. Su propósito es tan perverso como lo fue al principio.

Tristemente, su maldad habita en los corazones de personas con las que podemos encontrarnos, ya sea en el trabajo, los cuidos de nuestros pequeños hijos y en sus escuelas, en el gobierno, en la casa de nuestro vecino y hasta en la de algún familiar. Su intención sigue siendo llegar hasta nuestros hogares para destrucción de los mismos.

Se mueve disfrazado, no solo para hurtar, matar y destruir sin que nos demos cuenta, sino que copia la obra de Dios e intenta multiplicarse, expandirse y enseñorearse sobre la creación de nuestro Padre.

Entonces, siendo a menudo ajenos a ello, vivimos rodeados de principados, potestades y gobernadores de las tinieblas, por lo que, como hijos de luz, deberíamos ser conscientes de nuestra identidad en Dios, para caminar en el diseño en que fuimos creados. Conscientes de nuestra identidad podremos derribar las artimañas del enemigo y establecer el gobierno de Dios sobre todo lugar.

¡Hay un gran problema con el disfraz de *"normalidad"* que quiere establecer el reino de las tinieblas de este siglo! A lo malo llaman bueno y a lo bueno malo, ¡qué triste ser testigos de este acontecimiento! Pero... ¿Será que debemos darlo por sentado o podremos provocar cambios para el reino de Dios? Esta es otra decisión personal en la que debemos trabajar cada día.

¿Te has parado a pensar qué pasaría si los hijos de Dios no tomarán su posición como hijos de luz?, ¿qué ocurriría si no creyeran que sus vidas son importantes en Dios y parte de un plan mayor? Una pregunta más directa: ¿te has visto como parte de este ejército de Dios? ¡Comienza a asimilar las verdades de Dios para tu vida y vivirás en los altos caminos que preparó de antemano para ti!

No te conformes con lo que el príncipe de este mundo dicta de ti, no te asimiles a esas vidas vanas, que solo buscan complacer sus cuerpos, vivir enaltecidos de lo alcanzado y para la vanagloria de esta vida.

Necesitamos que te veas y camines basándote en tu identidad de hijo de Dios y como hijo de luz, *"vivamos en la luz lúcidamente, protegidos por la armadura de la fe y el amor, y usemos, por casco, la confianza de nuestra salvación"*. (1 Tesalonicenses 5:8 NTV)

En las pruebas, cuando te sea necesario llorar, ¡llora!, cuando te sea necesario gritar, ¡grita!, incluso permite el quebranto cuando sea necesario, pero por sobre toda circunstancia entiende que Dios es más grande y se hará manifiesto sobre ellas para levantar con más preparación a su guerrero. Tus pruebas producirán nuevas fortalezas y glorias como jamás habías pensado experimentar.

En tus procesos, permítete entrar a la revelación de sus altos pensamientos y que tu cosmovisión se alinee con sus propósitos para contigo. En ese cambio de pensamientos ya no irás únicamente tras las promesas, pues las promesas eran antes del calvario, pero ¡ahora son herencia!

Entrarás a tu proclamación como hijo, y con fe te moverás como legítimo heredero, ¡operarás desde la mente de Cristo y caminarás en sus altos caminos! ¡Para conquistar grandes batallas es menester operar en la tierra desde la mente de Cristo, y esto, como hijos de luz, nos ha sido otorgado! (1 Corintios 2:16)

Transcurridos tres meses de caminar de la mano con Dios a través de esa prueba, el Señor habló a mi corazón por medio de un pastor mentor de nuestra iglesia, Glenn Wilson, quien llevó un mensaje con revelación de lo alto a nuestra casa. En él hablaba de lo siguiente: *"La gente que edifica para Dios o con Dios, tiene que edificar desde la mente de Cristo"*.

¡Sí!, leíste bien, ahora repítelo y hazlo tuyo: *"El que edifica con Dios tiene que edificar con y desde la mente de Cristo. Es la cancelación de todo intento de trabajar para Dios desde el intelecto humano. Nosotros tenemos la mente de Cristo, quien vino al mundo sin ser del mundo. Su reino no es de este mundo".* (Juan 18:36) Pablo afirma:

"Y nosotros hemos recibido el Espíritu de Dios (no el espíritu del mundo), *de manera que podemos conocer las cosas maravillosas que Dios nos ha regalado. Les decimos estas cosas sin emplear palabras que provienen de la sabiduría humana. En cambio, hablamos con palabras que el Espíritu nos da, usando las palabras del Espíritu para explicar las verdades espirituales; pero los que no son espirituales no pueden recibir esas verdades de parte del Espíritu de Dios. Todo les suena ridículo y no pueden entenderlo, porque solo los que son espirituales pueden entender lo que el Espíritu quiere decir. Los que son espirituales pueden evaluar todas las cosas, pero ellos mismos no pueden ser evaluados por otros. Pues, «¿Quién puede conocer los pensamientos del Señor? ¿Quién sabe lo suficiente para enseñarle a él?». Pero nosotros entendemos estas cosas porque tenemos la mente de Cristo".* (1 Corintios 2:12-16 NTV)

Debemos decidir si nos moveremos con la mente humana o la mente de Cristo. Una de las misiones de Jesús fue enseñar a los discípulos a confrontar las adversidades de este mundo con la perspectiva del Reino. Jesús no dependió de los recursos naturales para resolver los retos de su existencia humana, Él confrontaba los caos de la tierra con las posibilidades del reino. Incluso, afirmó: *"Mi reino no es de este mundo".* (Mateo 6:10)

Por eso habló a sus discípulos diciéndoles: *"cuando oren digan: venga tu reino y hágase tu voluntad en la tierra como en el cielo".* Esta oración invita a Dios a intervenir en las circunstancias de la tierra. Teniendo mi fe puesta en Dios, le otorgo el espacio para que interfiera en este problema. Mis problemas no los resolveré desde la mente humana donde se originaron, sino desde la mente de Cristo. Como hijos de Dios debemos aprender a no adaptarnos a los pensamientos humanos dirigidos por el príncipe de este mundo, sino a operar en todo tiempo desde la mente de Cristo.

Retornando a la experiencia laboral que abordé en el anterior capítulo, una de las cosas que más impacto me produjo, fue cuando Dios me mostró lo que acontecía en este trabajo, y que quienes querían sacar fuera *"las murmuraciones"* eran las causantes del mismo. Vi claramente que sus actos de injusticia amaban la maldad. Estaban tan cómodas con ese principado, que cuando yo intentaba llevarlas a la luz con las soluciones correctas del reino, era como si yo hablase a la pared, pues mis palabras, por más claras y sencillas que fueran, parecían chocarles en la frente y eran incapaces de entenderlas. (1 Corintios 2:14). Allí entendí las palabras de Juan:

"Esta es la causa de la condenación: que la luz vino al mundo, pero la humanidad prefirió las tinieblas a la luz, porque sus hechos eran perversos. Pues todo aquel que hace lo malo aborrece la luz..."

Y aquí entendí por qué mi presencia les incomodaba:

"...y no se acercan a ella por temor a que sus obras queden al descubierto". (Juan 3:19-20)

Además, comprobé que esa actitud nociva buscaba expandirse en las otras empleadas para contaminarlas, haciéndoles partícipes, pero resultaban tan intensas y agotadoras que lo que lograban era alejarlas. Finalmente, quedaron las tinieblas de ellas junto a las pocas que pudieron conquistar, pues la mayoría se cansaba del maltrato que pretendían normalizar, y buscaron la salida.

Así es el gobierno de las tinieblas y habita en muchos ámbitos que visitamos. Como hijos de luz, se nos dificulta entender que existan personas que aman la maldad al grado de no querer abandonarla, pero no por ello deja de existir. Y fue a través de esta experiencia como el Señor me llevó a ver la importancia de nuestra identidad en Él y de unirnos a su Espíritu, quien nos revela y proporciona el arma correcta para combatir esas huestes espirituales de maldad.

Tras tanto aprendizaje del Señor, pude entender que era tiempo de salir de aquel lugar, y el Señor me ayudó a hacerlo de la manera correcta. Ahora, una nueva fortaleza habitaba en mí, así que con determinación tomé esa pieza nueva y la coloqué en mi armadura, y con la certeza en mi espíritu de que todo estaba sujeto a Él, caminé con el Señor valientemente y culminé mi jornada allí.

No sabía hacia dónde me llevaría con exactitud, pero una cosa tenía clara: salía con una nueva fortaleza, hacia una nueva bendición.

17

Caminando en Sus Lugares de Bienestar

Luego de experimentar a Dios en una nueva faceta, mi espíritu se encontraba fortalecido y buscaba ese bienestar mayor que la Palabra, afirma que está disponible para sus hijos. No quería nada menos que eso, por lo que, siguiendo el consejo de buenos amigos, dediqué tiempo a reflexionar en lo que realmente quería para mi vida.

Durante un mes medité junto al Señor, aprendí a conocerme y comencé a moverme a base de ese objetivo; localicé dos lugares que me complacían y me moví aplicando para ambos. El primero no tenía vacantes, pues acababan de cubrir las plazas disponibles, así que me mantuve expectante hacia el segundo. El tiempo de espera nunca resulta sencillo, pero mi confianza estaba puesta en el Señor y mis oídos prestos a su voz y dirección.

Una noche, un mensaje de un ministro me llegó al corazón: *"en ocasiones nos detenemos a esperar por una charca, cuando el Señor nos quiere entregar el mar"*. Esas palabras me llevaron a concluir que la plaza vacante por la que estaba esperando no me ofrecía todo lo que yo buscaba. Así que me enfoqué en el que quise en primera instancia y fui por ello.

Me dije: *"Acaban de cubrir las plazas vacantes, pero esperaré este mes, pues siempre hay personas que terminan renunciando, es más, sé que una de esas plazas es para mí, y la persona renunciará"* – jocosamente añadí – *"¡Es más, lo dejará el primer día!"* Lo dije en fe y con la certeza de que así sería, pero transcurrieron los días y olvidé esas afirmaciones que había hecho.

Una mañana entre a internet para buscar más opciones de empleo y en ese momento me llegó un correo electrónico... ¡Era de aquel primer lugar de trabajo que tanto me gustó! Pensé: *"No pierdo nada con volver a intentarlo. Pasó casi un mes desde que ofrecí mi candidatura"*. Envié de nuevo mis documentos y, para mi sorpresa, esa misma tarde me llamaron, citándome al día siguiente para una entrevista. ¡Un día después de la entrevista había sido seleccionada para el puesto!

Fue a los pocos días que conocí que la persona que anteriormente había ocupado esa plaza renunció a ella ¡tras su primer día de trabajo! ¿Casualidad? No, no creo en ellas, la palabra que dije con fe se había cumplido, pero en la espera yo había olvidado que cuando pedimos conforme a Su voluntad, Él nos oye y se cumple la petición.

Finalmente, entré a ese nuevo lugar de bienestar para mí, agradeciendo a Dios por ello y reconociendo que más adelante me llevaría a más en Él. No subestimemos nuestras declaraciones de fe, pues caminamos con un Dios fiel y bueno y sus planes de bienestar siempre alcanzarán a sus hijos de luz.

Jeremías 32:40-41 dice:

"Y haré con ellos pacto eterno, que no me volveré atrás de hacerles el bien, y pondré mi temor en el corazón de ellos, para que no se aparten de mí. Y me alegraré con ellos haciéndoles bien, y los plantaré en esta tierra en verdad, de todo mi corazón y de toda mi alma".

Ese es nuestro Dios que llena nuestros días con promesas de bienestar, nos planta en esta tierra para bendecir y no cambia sus palabras; un Padre amoroso que se alegra junto a nosotros al vernos gozar sus buenas dádivas. Me llama la atención el término *"plantar"* que aparece en el texto. Plantar, sí, me encanta su significado, pues donde Dios nos *"planta"*, nos delega una posición de poder, de liderazgo frente a la tierra. ¿Y para qué?

La idea de nuestro divino agricultor es plantarnos en lugares donde, caminando con sus mismos pensamientos y moviéndonos en su amor, podamos implantar la grandeza de su gobierno sobre las vidas que así lo necesitan, somos esa provisión del cielo que muchos proclaman, así que, cuando seas plantado en un lugar, mantén tu pensamiento en Cristo y mira a través de sus ojos para ser la provisión del cielo en ese lugar. ¡Deja que Su Reino se expanda a través de tu vida! ¡Mírate como Dios te ve y camina sobre la zapata de quien Dios dijo que eras!

18

Cuando su Mentira se Vuelve Nuestra Verdad

Tras aquella última tormenta, los cielos se limpiaron, alumbrando así la luz de Su Verdad. Ese fulgor agudizó mi vista para ver como la bendición de nuestra unidad me guiaba nuevamente hacia ese amor redentor que sobrepasa todo entendimiento, nos redime, empodera y lleva a nuevas alturas. En esta prueba, como en todas, aprecié Su bondad y Sus cuidados, pero en esta ocasión capté también que Su presencia estuvo en los días más difíciles de mi niñez.

Una mañana leí la noticia que hablaba de una niña de tan solo diez años, quien agredió a su padre con violencia a causa de que aquel hombre había golpeado a la mamá de esa niña. Inevitablemente, mi mente me trasladó a mi infancia, junto a aquella pequeñita, quien creció viendo tratos injustos hacia su madre.

Esa niña creció escuchando palabras hirientes que triste e inmerecidamente llegaban a sus oídos, quedaban en sus pensamientos y se albergaban en su corazón. Todas esas palabras crueles que tergiversaban el amor correcto formaban una red que envolvía su corazón, quebrando su inocencia y deformando el perfecto diseño que el Padre había previsto para ella. Así nacieron inseguridades, temores y una falsa identidad.

Ahora, con mis ojos fijos en esa noticia, pensé: *"al menos no agredí a mi padre para defender a mi madre o para defenderme de sus hirientes palabras"*. Lo cierto es que el alcance de esas situaciones es mayor del que se ve a simple vista. Un corazón herido, maltratado, desilusionado, lleno de temor, de tristeza, de inseguridad, con tantas cicatrices, golpeado y violentado por tantas mentiras del enemigo, distorsiona, en todos por igual, el diseño e identidad en Cristo.

Determinadas podrían guiarnos al quebrantamiento y si no nos detenemos para darle el espacio a Dios, el enemigo aprovechará para entrar y arraigarse en nuestros corazones, tomando autoridad y gobierno para destrucción de nuestras vidas. Sutilmente y en silencio, si no perseveramos en las verdades de Dios, nuestros pensamientos serán confundidos y el enemigo entretejerá las mentiras que considere útiles para su fin.

Tristemente, en ocasiones el enemigo está más atento que nosotros a los designios de Dios en nuestra vida, y lucha para evitar que se cumplan los propósitos del cielo. Satanás nos ciega a la verdad de Dios y a su buen plan para con nosotros a través de las pruebas que vivimos.

¿Recuerdan la desobediencia de Adán y Eva?, fue la puerta de entrada del pecado. El mismo artífice de aquella tentación es el que hoy distorsiona la verdad de ese amor redentor y de nuestra identidad en Cristo. Busca apresarnos con la cadena de esclavitud de alguna atadura que no nos pertenece.

Pero... ¿Dónde fallaron Eva y Adán? Prestando oídos a quien traía palabras fuera de la verdad de Dios. Toda palabra que llegue a nuestros oídos, contraria a lo que Dios nos habló, no proviene de Su boca y por ende no nos pertenece. Conocer Su verdad será una pieza esencial de nuestra armadura, y nos hará libres, incluso en nuestros desiertos, así como Jesús se alzó victorioso frente al enemigo. (Mateo 4:1-11)

Lo que escuchamos llega a nuestra mente, alejados de Dios, damos espacio a malos deseos (criaturas pecaminosas) y estos tendrán acceso libre para arrastrarnos y seducirnos. El pensamiento llega a alojarse en nuestro corazón y de ahí nacen los actos pecaminosos que pueden conducirnos a la muerte.

Si tienes la oportunidad de elegir - y te aseguro que la tienes - no escuches las artimañas del enemigo, ni a las personas que hablan lo indebido. Aléjate de conversaciones que no te corresponden. Parte de la sabiduría es reconocer esa voz del espíritu que te habla y te mueve en convicción. ¡Salir de determinadas conversaciones es de sabios! Camina con sabiduría.

Regresemos por un momento al Edén, y te pregunto ¿qué otro error cometieron? Podemos concordar que fue su desobediencia. ¿Cierto? Pero, ¿te fijaste cuál fue el orden que los llevó hasta ese punto?

Primeramente, prestar oído a lo indebido, luego esa idea la fijaron en su pensamiento haciendo maquinaciones, las que, a su tiempo, arraigaron en su corazón e ignorando la verdad de Dios sobre sus identidades, anhelaron en su humanidad, *"ser más"*... Ser como dioses. Desde ese momento el egocentrismo habita en nuestra humanidad y nos lleva a la vanagloria.

¡Pero Adán y Eva ya gobernaban la tierra! ¿Qué necesidad tenían de más señorío? El enemigo aprovechó el desconocimiento de ellos sobre sus identidades, para tentarles. Utilizó el mismo ardid que a él le supuso ser expulsado del cielo. ¿Cómo lo hizo? Presentó atractivo a los ojos de Eva aquello que no le convenía.

¿Le suenan estos hechos familiares a alguna situación en su vida? Cosas inconvenientes se presentan atractivas; la ausencia de Dios y el desconocimiento de nuestra identidad facilitan que demos entrada a nuestro corazón a lo que tiene poder de conducirnos a la muerte. Al hablar de muerte no solo nos referimos a la muerte física, sino a cosas maravillosas que veremos morir por causa del pecado. Damos muerte a relaciones sanas y de fidelidad para con nuestra pareja o damos muerte a la sana convivencia entre padres e hijos, por cierto, esa área de la familia es el favorito del diablo, pues le resulta más sencillo desarrollar su plan si logra dividir a la familia.

Como familias en Cristo, formamos pequeñas tropas de guerreros del Reino. Viviendo unidos podremos levantarnos unos a otros y alcanzar victorias para Su Reino inconmovible. No solo trabaja para destruir nuestra herencia presente, sino que también quiere influir en las generaciones venideras a través de lo que corrompe en los hogares.

Así como desde el principio quiso separarnos del Padre y provocó la entrada del pecado y sus consecuencias, del mismo modo busca separarnos de todo lo que podemos alcanzar por medio de la gracia de Dios.

Por eso es esencial que vayamos al Señor en todo tiempo, en el bueno y en el malo. Que caminemos con Él y para Él, así, caminando en prosperidad, unidad y atentos a su voz, reconoceremos las mentiras del enemigo y con la verdad del Señor, y dentro de la plenitud de su amor inconmovible por nosotros, alcanzaremos las cosas que ha preparado de antemano para nosotros, sus hijos. Meditando en todo esto, pude entender que su obra de sanidad en nuestras vidas activa su gloria y la continuidad de buscar la perfección en Él.

¡Sí!, su palabra se nos hace manifiesta cuando no solo la leemos, sino que intencionalmente nos proponemos buscarle para conocerle y obedecerle, es ahí donde ocurren nuevos encuentros con esa parte de su persona que desconocíamos. ¡Cuán deleitoso y poderoso es conocer una revelación nueva de la persona de Dios! Son piezas poderosas en nuestras armaduras de guerreros.

Y Dios rompió con poder la red que opacaba mi verdadera identidad y continúo hermoseando mi corazón con sus dulces palabras que revelaban su diseño de mí. Esta hija amada, deseada y con propósitos eternos podía ahora caminar con la libertad y seguridad de que su Padre no la quería escondida tras inseguridades y víctima de una limitante timidez que no le pertenecía, pues las experiencias de esta reciente prueba le habían mostrado la poderosa revelación de que ¡Todo estaba sujeto a su Padre amado!

Ahora podía entender las palabras del Salmo 23: *"no temeré mal alguno, porque tú estarás conmigo"*. ¡Mi Padre eterno camina conmigo y todo está sujeto a Él!, entonces, ¿por qué temer mal alguno? ¿Qué hacer ahora con todo lo que se entretejió en nuestros corazones y carácter? Entregarle todo a Dios.

Primeramente, damos entrada a sus sabios consejos y oramos: *"derribando argumentos y toda altivez que se levanta contra el conocimiento de Dios, y llevando cautivo todo pensamiento a la obediencia a Cristo"*. Cuando Pablo escribe las cartas a la iglesia de los Corintios, que incluyen ese versículo, aunque pudieran catalogarlo como alguien tímido, él tenía el conocimiento de que era eficaz, pues usaba las armas poderosas de Dios y no las del mundo, para derribar las fortalezas del razonamiento humano y para destruir argumentos falsos. (2 Corintios 10:4, NTV)

Al destruir, con la autoridad que Dios les delegó, todo obstáculo de arrogancia que impedía que la gente conociera a Dios, los pensamientos rebeldes eran capturados, pudiendo así enseñar a las personas a obedecer a Cristo. (2 Corintios 10:4-5, NTV) Es un paso importante que, tanto inconversos como hijos de Dios, no podemos pasar por alto para movernos en su verdad.

¿Qué sigue a este paso? Debemos obedecer a Cristo y que nuestra mente persevere en Él, para derribar las fortalezas del enemigo que buscan colonizar nuestro intelecto. Así habitaremos en la excelencia de los altos pensamientos de Dios, que nos guían y traen bendición a nuestros días. Nos corresponde ser diligentes en llevar cautivo todo pensamiento a Cristo y permanecer en su verdad.

¿Y qué hay con lo entretejido en el corazón? ¡Él sana corazones! Y a la luz de Su verdad, una vez seamos sanados, esas mentiras no tendrán parte en nosotros, mientras permanezcamos en Cristo.

¡Permítele al Señor desenmascarar toda mentira del enemigo sobre tu vida, esas que has recibido como verdad dentro de tus pensamientos y se han vuelto parte de tu carácter, deformando tu diseño real, échalo fuera en Su nombre y afirma los correctos pensamientos acerca de tu identidad!

Deja que tu corazón eleve cada día genuinas alabanzas y adoración a Dios y verás como es hermoseado en su amor, para hacerte partícipe de extender Su persona desde la fuente eficaz de su amor redentor.

19

Como Pensé, Me Acontecíó

¿ Viviste alguna vez pruebas que te pareció haber previsto? Nos ha ocurrido a muchos, por más que pueda parecer extraño, en realidad no lo es. En diversos relatos bíblicos descubrimos que eso ya ocurría, porque Dios nos insta a apartar el temor y fijar nuestra confianza en Él y solo en Él. Fuimos predestinados conforme a un plan mayor, por lo que nuestra confianza debe estar puesta en quien nos diseñó.

¿Recuerdan al siervo Job? Tenía sobre su vida la cobertura y bendición de Dios, pues era un hombre intachable y próspero, viviendo en el temor de Dios. Relata la biblia que un día los miembros de la corte Celestial se presentaron ante el Señor. El Acusador, Satanás, vino con ellos, y Dios le preguntó de dónde venía, a lo que el maligno respondió: *"Estuve recorriendo la tierra, observando todo lo que ocurre"*. (Job 1:7, NTV)

Notemos que Satán ya había recorrido toda la tierra y su conocimiento se basaba en lo que observó. Más Dios le dice: *"¿Te has fijado en mi siervo Job?"* Y a continuación enumera las buenas cualidades de este hijo de Dios.

- *"Sí"* - replica el cínico Satán - pero Job tiene una buena razón para temer a Dios.

¿Qué apreciamos aquí? Satanás, a base de lo observado, entendía que la integridad de Job se sustentaba por todos los bienes adquiridos. Pero, ¿qué ocurriría si Dios le quitara todo? ¿Seguiría caminando en rectitud hacia Dios o lo maldeciría? Entonces, Satanás obtuvo de Dios el permiso para probar a Job, quitándole todo, menos su vida.

Observemos con detalle: Dios le dijo: *"¿has visto?"*, a lo que Satanás le respondió que sí, y Dios le permitió que probase a Job. El Señor conocía el corazón de Job, pues ve más allá de lo externo (1 Samuel 16:7) y sabía los planes que tenía para con él; el adversario, por el contrario, solo puede ver en lo externo, todo el *"body language"* de nuestros comportamientos y cómo nos movemos según lo que creemos.

Él solo percibe los signos exteriores: nuestras angustias financieras, problemas familiares, afanes, debilidades, todo lo que mostramos en lo natural. Por eso los demonios tratan de llegar a nuestros pensamientos y adherirse a nuestros temores, temores que, de haber sido depositados en la presencia del Señor, ya no harían parte de nosotros.

¿Cómo fue probado Job? El acusador le arrebató todo, pues pensaba que Job quería a Dios por la prosperidad que tenía. Por si esto fuera poco, no solo le arrebató los bienes materiales y la salud, sino que también se llevó a sus hijos, dejando así a Job en la bancarrota financiera y emocional más absoluta. *"Solo en el desierto"*, pero... ¿Existe tal cosa como "solo"?

Solo en su entorno físico, solo en la flaqueza de su humanidad, solo en su pensar, solo ante el caos de sus circunstancias y ahora arropado por ese horrible peso sobre sus lomos, solo con la impotencia de lo que no podemos cambiar o manejar, solo con nuestras fuerzas o conocimientos, ¡solo ante lo que sería la antesala del mayor encuentro con su Dios!

¡Sí!, hay momentos cuando el Señor desaloja totalmente el escenario de nuestras vidas para que solo podamos enfocarnos en Él y conocerle en su lugar secreto. Allí la puerta externa se cierra para todos y quedamos solos ante Dios que nos conoce a profundidad. Conoce nuestros sueños, los anhelos más profundos, los temores más grandes, flaquezas y fortalezas, pero por encima de todo, conoce la razón por la cual fuimos creados, sabe que en ese quebrantamiento tendremos un encuentro con sus verdades.

Tales verdades lograrán sobreponerse a nuestro intelecto humano, pero deben ser mostradas en el campo de batalla de nuestros desiertos, donde nuestros espíritus alcanzan la sensibilidad necesaria para captar su voz y formar nuestro carácter en Cristo, el cual nos fortalece como guerreros hijos de su reino.

La mentalidad humana, tras ser derrocada y alumbrada por la luz de su verdad, perderá la fuerza de su gobierno en nosotros y nuestro pensamiento comenzará a operar desde el lugar correcto, que es la mente de Cristo.

El Señor se revela a nuestro espíritu de maneras inimaginables, para continuar perfeccionándonos en Él. Opera incluso en áreas en las que aún no sabemos que lo necesitamos. Su soberanía y gobierno deben seguir avanzando y llenando nuestras vidas de su plenitud para hacernos fuertes en Él y para Él.

Jesús fue tentado en el desierto por Satanás, quien para tentarle utilizó a su conveniencia la misma Palabra de Dios. Jesús, estando en presencia del Espíritu de Dios, respondió de vuelta con la Biblia, pero aplicando la sabiduría de lo alto. Satanás estaba tentando al dueño de todo, intentando desviarle de su propósito, que consistía en derrocar la autoridad de las tinieblas. Jesús sabía quién era y conocía claramente su asignación en la tierra, pues Él era la revelación de Dios.

Hablando ahora de nosotros: ¿Conocemos quiénes somos en Dios y para Su Reino?, ¿Conocemos cómo nos apartan de los propósitos divinos las tentaciones que permitimos? ¿Somos conscientes de ser una amenaza para Satanás al caminar en los propósitos divinos?

Es esencial conocer quiénes somos en Él y no solo que aprendamos Su Palabra. Para caminar en sus altos caminos es necesario tener la mente de Cristo y operar desde ella, pues nuestro intelecto humano no tiene la capacidad de llevarnos a tan grandes dimensiones.

En esta dimensión la lógica no tiene lugar, ni los límites existen y nos es demandado caminar solo por la certeza de nuestra fe en Dios. Hay preguntas que desde nuestra condición humana podemos hacernos: ¿Por qué también los justos sufrimos? A lo cual la Biblia nos enseña que el sufrimiento es resultado de vivir en un mundo caído.

Tal vez nos preguntamos, ¿por qué sufrimos quienes vivimos en el orden de Dios?, ¿por qué Dios parece tan distante y no vemos finalidad rápida en la prueba? A esto se suma lo que la gente suele pensar del porqué de nuestras tribulaciones pasajeras, emitiendo juicios a su parecer, donde buscan justificar las causas de la misma para *tratar de ayudarnos* a resolverlas desde su entendimiento. Ese es uno de los problemas básicos que solemos encontrar en nuestras pruebas, pues estas no se resolverán desde nuestro entendimiento o desde el problema donde se originó, sino desde la mente de Cristo. Debemos asumir que no siempre tendremos respuesta del porqué acontece cada prueba, pero podemos descansar en Dios, quien nos dice que confiemos en Él y que estará con nosotros hasta el final.

¿Qué ocurre cuando ponemos en práctica el movernos en fe? Que Dios se manifiesta de maneras inimaginables, mostrando caminos muy diferentes a los que tomaríamos, pues provienen de una mente soberana. Es cierto, en nuestras adversidades puede ocurrirnos como a Job: tratando de entender cómo se relaciona nuestro sufrimiento con la justicia de Dios, podemos hablar desde nuestra ignorancia, pero si le damos espacio a Él para que obre en medio de nuestras aflicciones, todo adquirirá orden por mandato divino.

Job fue probado a una gran magnitud, llevándolo hasta el quebrantamiento más absoluto, y aunque aún su esposa le instó (seguro que por orden del maligno) a maldecir a Dios, Job no pecó, sino que cuando se rindió totalmente, por medio de su fe, pudo conocerle en revelación.

¿Qué acontece cuando tenemos revelaciones grandes de la persona de Dios? ¡Somos impactados por su majestad y la esencia de su gracia permanece en nosotros, haciéndonos portadores de su gloria! Ese es el plan de Dios para con nosotros, pero queda a nuestra elección alumbrar con el poder de esas verdades o simplemente seguir como si nada hubiera acontecido. ¡Queda en nosotros esa gloria postrera y queda de nosotros el esparcirla para la gloria del Padre o el ocultarla para beneficio del príncipe de este mundo!

¿Qué temores tuviste que luego te acontecieron? Por mi parte, una de las cosas que yo temía era perder mi trabajo; consistía en el cuidado de una persona mayor, por lo que sabía que en algún momento quedaría sin empleo y no podría pagar mis cuentas, entre las que estaban dos muy importantes para mí: mis diezmos (los cuales formaban parte de mi honra a Dios) y el colegio de mi hija menor.

Procuré siempre tener dinero ahorrado para cubrir al menos varios meses del pagaré del mismo, por si eso aconteciera de repente, pero en diversas ocasiones tenía que utilizar el dinero para resolver emergencias y luego lo reponía, hasta que en una ocasión no logré reponerlo rápido y... ¿Saben que me sucedió? Justo lo que había anticipado con temor: Quedé sin empleo y los ahorros no existían.

Por la gracia de Dios mi espíritu se encontraba en paz. No sabía cómo resolvería las cosas, pero eso no me atribuló, pues tuve la convicción de que Dios estaba en absoluto control. Lo increíble del suceso fue la exactitud con la que mi temor llegó a cumplirse. Me faltaba pagar tres meses de colegio y, como si fuera poco, los gastos en ese momento eran mayores, pues mi hija se graduaba y había cuotas que cubrir y muchos otros compromisos financieros en agenda.

El enemigo buscaba cargar la atmósfera para desenfocarme de mi posición en Cristo. No solo me quedé sin trabajo, sino que, para colmar la copa, tuve un pequeño accidente con mi auto; afortunadamente no fue a mayores, pero era evidente que el enemigo quería violentar mi paz e intoxicar mis pensamientos.

A la mañana siguiente tuve una sensación que defino como *"agridulce"*, te explico: me sentía un poco triste por el fallecimiento de la persona anciana a la que había cuidado por mucho tiempo, así como por la pérdida de mi trabajo, pero al mismo tiempo me embargaba una sensación de paz bastante inexplicable, pues, aun sin saber de dónde vendría mi provisión, tenía la certeza de que Dios proveería todo lo necesario... Todo estaría bien.

Un día después estaba en la iglesia, y en una breve conversación conté a una hermana lo que me acontecía. Al expresarme manifesté la certeza de que, aunque estuviera pasando por eso, todo estaba bien y nada me iba a faltar. Me encantó ese breve encuentro, pues en su respuesta no denotó lástima por mí, sino la misma fe y certeza de que todo estaría bien y que la provisión se haría manifiesta en todo el camino.

En ese instante se fraguó entre nosotras un común acuerdo, y la unidad de nuestra fe fue tan palpable que percibí que algo se liberaba en nuestra atmósfera espiritual. ¿Qué puedo decirles? ¡Según creemos así nos acontece! Sin haber mediado palabra alguna sobre mi situación, Dios movió al pastor a levantar una ofrenda especial para mí. Sí, experimenté la provisión de Dios por medio de mis hermanos de la fe, quienes tuvieron la sensibilidad en sus espíritus de escuchar la voz de Dios y decidieron participar en ser cauces de provisión.

¡Qué bendición habitar entre personas que entienden que son parte de la provisión de Dios! Personas que aman a Dios y le obedecen, amándonos entre nosotros e interesándonos por hacernos bien. ¡Son provisión del cielo en nuestros momentos de necesidad! Dios me dio justo lo que necesitaba, cubrió mis compromisos financieros de esos tres meses y todos los extras fueron apareciendo prontamente en el camino, tal y como percibió mi espíritu a través de mi fe, pero con mayor excelencia, pues todo lo que proviene de la mano de Dios es siempre mejor.

Reflexionando en este suceso, Dios trajo a mi memoria la mujer del relato bíblico que padecía flujo de sangre. ¿Recuerdas que ya te hablé de ella? Cuando su fe se encontró con Jesús, quien era La Palabra, fue liberada gracia para que su milagro tuviera lugar. Ese hecho alimentó la fe de Jairo, para que también él recibiera su milagro. ¡Cuán importante es con quiénes compartimos nuestros procesos, pues ellos podrían dirigir nuestros pasos hacia una mayor tristeza y ceguera espiritual o, por el contrario, alimentar nuestra fe en dirección al cumplimiento de las promesas de Dios!

En este momento ya no experimento temor en este tipo de situaciones, pues al haber sido alumbrada por la luz de la verdad de Dios, mi intelecto aprendió a realizar esta práctica desde el lugar adecuado de la verdad de Dios. Ahora ahorro, pero no con temor a que me acontezca algo malo, sino como persona responsable, llevándolo a cabo para que haya provisión en caso de una emergencia, pero no desde la plataforma del temor. Desarrollo mis planes no desde el temor, sino desde mis convicciones en Cristo para poder ser responsables en nuestros caminos para la gloria de Dios.

Regresando a la premisa de, ¿qué has temido que te haya acontecido? Conociendo la historia de Job y mi humilde testimonio, ¿no crees que deberías de igual manera apartar ya el temor y darle a Dios el espacio para manifestarse en grande? Tan grande como para derrocar las limitaciones de tus pensamientos y las mentiras que pueden albergarse en ellos. Permítele trabajar y permítete a ti la oportunidad de conocerlo a profundidad para que tu carácter en Él continúe siendo forjado con el más fuerte hierro que un guerrero podría tener en su espada de guerra.

Pon tus batallas diarias a sus pies, tus finanzas, tus relaciones, tus imposibilidades, tus flaquezas, tus imperfecciones, tus adicciones, todo lo que violenta tu fe, tu paz, tu persona como templo de Dios, ríndelos ante su presencia, para que, tanto en las huestes celestiales como en tu mente, sean derrocadas por su poder y conozcan su soberanía por sobre todas las cosas. De ese modo, Su gobierno podrá expandirse a través de la simple vasija de tu vida.

Llegarán procesos que no nos gustarán experimentar, y estará en nosotros la decisión de permitirle a Dios que se glorifique a través de ellos o, por el contrario, batallar solos con nuestro limitado conocimiento y poder. Nuestro Padre Eterno nos ama y ha venido a reconciliarse con nosotros, sus hijos, para que podamos heredar las verdaderas riquezas de la vida que nos regaló a través de Su gracia.

Dependerá de nosotros el vivir para las vanaglorias del príncipe de este mundo o dentro de la plenitud de nuestro Padre. ¿Qué deseamos que narren nuestras páginas en el libro de la vida?

¿A quién serviremos?

20

Todo se Sujeta a Él

Si tuviese que concretar en una breve frase la gloria excelsa que se radicó en mí tras aquel final proceso que me quebrantó, la frase sería: ¡todo se sujeta a Él! Ni en mi más complejo pensamiento llegué jamás a pensar que esa tribulación pasajera que me afligió al punto de quebrantar mi espíritu, me llevaría a esa revelación sublime que al Padre le plació concederme.

Y es que en la mente de Dios viven riquezas tan gloriosas que nuestras mentes finitas nunca podrán concebir. Cuando caminamos con nuestro Dios, lo que para el común de las personas son *"simples caminos"*, serán para nosotros un escenario que revelará la grandeza de aquel que nos llamó de las tinieblas a su luz admirable. ¿Leíste el versículo que afirma que *"el gran amor del Señor nunca se acaba y su compasión nunca se agota, y que cada mañana se renuevan sus bondades, pues muy grande es su fidelidad"*? (Lamentaciones 3:22-23, Salmos 136)

Es gracias a ese amor que no somos consumidos, y por él es que cada mañana son renovadas sus bondades y misericordias, porque Él es fiel a su Palabra.

Fue en la sencillez de mi vida cotidiana, desde la plataforma de un nuevo empleo, donde el Señor permitió que conociese en profundidad que las artimañas del enemigo obran cada día en los lugares más simples, con el objetivo de destruir nuestra identidad en Cristo. El maligno persigue cargarnos con las cosas de nuestro diario vivir, utilizando desde lo más simple hasta lo más complejo para impregnar en nosotros lenguajes, pensamientos y acciones que están fuera de nuestro diseño.

A menudo nos carga con cosas innecesarias, pintando los más espectaculares escenarios de *"vidas exitosas"*, con estándares altos, llenos de vanaglorias atractivas, para así ocuparnos en las cosas perecederas y alejarnos del propósito divino, que consiste en que: ¡formamos parte del plan de Dios, somos seres eternos y somos amados!

El enemigo quiere que olvidemos que somos parte del plan de Dios, porque siendo consciente de quiénes somos en Dios acabaríamos con sus planes de destrucción. Desea que olvidemos que somos eternos, pues al ser conscientes de ello elegiremos prepararnos para vivir en el cielo y gozarnos por la eternidad junto a nuestro Dios, evitando ir al infierno con el príncipe de este mundo, para castigo y destrucción.

Y sobre todo ¡No quiere que recordemos que somos amados!, y más que amados, por ese gran Dios quien antes de hacernos existir ya escribió todo plan de bienestar en nuestros libros de vida y cuando este llegó al final, antes de colocarnos en el vientre de nuestras madres, dejó una gracia en su eternidad predestinada a alcanzarnos... ¡Ah, y fue ahí, desde el vientre de nuestras madres, donde nuestros embriones vieron sus ojos!

"¡Cuán preciosos me son, oh Dios, tus pensamientos! ¡Cuán grande es la suma de ellos!" (Salmo 139:17)

¡Y todo se sujeta a Él! Esa fue mi revelación, y tal vez pienses, *"Ivelisse, ¿siendo cristiana por años, no conocías esa verdad bíblica tan elemental?"*

Es verdad que soy cristiana desde que tengo memoria, pero algo importante a saber es que, el hecho de que conozcamos *de* Dios no significa que conozcamos *a* Dios o que le conozcamos del todo, de hecho, me parece que ni viviendo mil años ninguno de nosotros lograríamos conocer la inmensidad del Señor. (Véase Job 42:5)

Ahora, ya que es imposible conocerlo todo de Él, ¿qué cosas es esencial conocer? Desea que le conozcamos en la revelación de su nombre que en cada momento necesita nuestra vida: Jehová Raphá para el enfermo y Jehová Yireh para el que necesita provisión.... Puedo asegurarte que Él se revelará a quien anhela conocerle. Saldrá a su encuentro mostrando la verdad y fortaleza que necesite.

Y todo se sujeta a Él desde siempre, pero saber esta verdad solo porque la hemos leído y creído no se compara al hecho de que Dios salga al encuentro afirmándola en tu mente, corazón y espíritu, ese momento es un espacio donde toda la habitación de tu ser queda cautivada por la esencia, él de la presencia de su ser.

¡Cuando conoces quién es tu Dios, toda tempestad pierde poder! ¡Tus miedos del pasado ya no tienen poder sobre ti! Logrado eso nos convertimos en un faro de luz de su verdad, pues somos alumbrados para alumbrar y bendecidos para bendecir. Así pasamos a ser parte de sus planes divinos, siendo su extensión en la tierra y multiplicándonos para su reino dentro de su verdad. (Salmos 14:2)

Mi vasija tuvo que ser rota para darle un espacio a Dios donde me hablase y me mostrase que, por encima de cualquier adversidad y prueba, Él está y tiene todo controlado. Solo debemos descansar en Él y creerle, porque todo lo creado le responde a su creador quien sostiene todo, y si somos enviados, somos respaldados y sustentados por aquel que nos llamó. (Mateo 8:23-27, Mateo 2:11)

Es en este tipo de rompimiento donde las vasijas de nuestras vidas son formadas nuevamente por el Alfarero, para portar en ellas ese nuevo vino de gloria excelsa de su verdad, para llevar a otros al conocimiento de la verdad de Cristo.

¡Qué importante entender que somos el Moisés de alguien!, pero debemos tener nuestra identidad clara, y creer que para este tiempo fuimos llamados (Hechos 17:26) Con virtudes y defectos... No somos perfectos, pero somos elegidos, y podremos libertar vidas cautivas.

Moisés fue un hombre imperfecto que conocía al Dios de sus padres, pero este aún no le había sido revelado. Aunque fue salvado a sus tres meses de nacido, no fue sino hasta sus cuarenta años de edad, que Moisés fue a visitar a su pueblo.

Allí cometió serios errores, llegando incluso a matar a un egipcio que maltrataba a un hebreo. Pese a este hecho pecaminoso, Moisés pensaba que su pueblo entendería que él era su libertador, pero el pueblo no entendió. Este hecho propició que Moisés huyera, pues el lugar que lo vio crecer ahora le sentenciaba a muerte. Curioso, ¿verdad?

Quienes lo llevaron a ser lo que fue, ahora le juzgaban. En nuestros tiempos sería como si la libertad en la carne en la cual se nos enseñó a vivir, llevase nuestros pasos a la destrucción de nuestras vidas y a la perdición de nuestras almas. Donde se nos decía que ser promiscuos no era malo, o mantener lazos sexuales con personas del mismo sexo, o los que nos invitaban a actuar basados en cómo nos sintamos, y no en quiénes somos, pero todo eso nos llevó a insatisfacciones más profundas y corrompíamos a nuestras propias almas cada vez más.

En definitiva, todo lo que la carnalidad y mundanalidad ofrece, y que se conoce como *"normalidad"* de este tiempo, encierra una agenda del enemigo que trabaja en los lugares más inimaginables para confundirnos y llevar a la perdición de nuestras almas, las cuales sí son eternas. Tal vez ya te dejaste llevar por esas actitudes que perjudican seriamente tu vida y tu eternidad, pero, ¿qué tal si todo lo que se nos permitió hacer y no era parte de nuestro real diseño, pudiera hoy ser redimido?

¿Qué pensarías si te digo que por más tiniebla y corrupción que hayamos vivido, podemos ser perdonados y restaurados? Sí, es aquí donde el reino de las tinieblas se convierte en catapulta para los hijos de Dios.

Cuando nos arrepentimos ante Dios, aun lo peor que hemos vivido pasa a ser parte de lo que Él usará como testimonio para darse a conocer a otros. Así como Moisés fue instruido en la sabiduría de los egipcios (el enemigo), y se dio a conocer como un hombre poderoso en palabras y en hechos. Así como el cometer asesinato lo llevó al desierto para encontrarse con Dios en la zarza ardiente. Del mismo modo, el Señor sale a nuestro encuentro en medio de grandes batallas, con el fin de restaurarnos y ser sus testigos.

Jesús fue varón profeta, poderoso en obra y en palabra delante de Dios y de todo el pueblo, más aún así fue entregado por los principales sacerdotes y por los gobernantes a sentencia de muerte hasta crucificarle, pero ¿acaso no era necesario que el Cristo padeciese estas cosas para entrar en su gloria? (Lucas 24:19-35)

Ciertamente, Dios puede usar al enemigo como fuente de provisión. Así le aconteció a Moisés, ¡sus primeros cuarenta años de vida fueron financiados por quien le tenía esclavo! Fue educado por ellos, pero en su corazón sabía la verdad sobre su identidad: que sería el libertador de su pueblo.

Así como Jesús, quien fue ese Cordero perfecto, entregado por los principales sacerdotes y gobernantes y sentenciado a muerte en la cruz, pero era necesario que padeciere estas cosas para entrar en su gloria y entregarnos la gran promesa de la salvación.

Así como las potestades que habitaban en este lugar de trabajo que tanto me afligió, pero me condujo a una revelación de la persona de Dios donde obtuve el poder para vencer otros obstáculos más allá de lo imaginado.

Así podemos dirigir cada una de nuestras pruebas al conocimiento de Dios para que Su gloria quede radicada en nosotros y sigamos expandiendo la luz de su verdad.

¿Quieres conocer a Dios en tus procesos y ser parte de su extensión y provisión aquí en la tierra? En tus procesos, crea un espacio para aprender a escuchar la voz de su voluntad. Te sorprenderá ver los altos caminos por los que te conduce, pues serán muy diferentes a lo que pensabas necesitar para resolver tus pruebas.

Ciertamente, los caminos de Dios son muy diferentes a lo que imaginamos, ¡pero también son más gloriosos de lo que podríamos concebir!

Poner nuestra confianza y nuestros pies en sus caminos es la mejor elección de vida que podamos hacer. No para vivir vidas perfectas, pues no existe tal cosa, pero sí para caminar perfeccionándonos en su amor y vivir en plenitud dentro de sus propósitos.

21

Caminando en Desaciertos Hacia Su Luz Admirable

Resulta que despertamos un día en el círculo donde nos tocó vivir. Nacimos bajo unas costumbres y tradiciones establecidas en nuestros hogares y con entornos de influencia arraigados a nuestras personas, con líneas de pensamientos establecidos que definen nuestro carácter, personalidad y formas de actuar. Entendemos que lo que vivimos es nuestro todo, nuestro destino e identidad.

Un mundo que va de prisa, demanda crecimiento en lo material y dicta cómo debemos actuar y qué nos corresponde alcanzar, basándose en la vanagloria y engaños del príncipe de este siglo. Caminamos en desaciertos, desconociendo que nuestra identidad está alterada. Pero esto puede ser redimido mediante un encuentro con Jesús.

¿Te preguntaste alguna vez si hay algo mayor que la sanidad física? Para una mente carnal tal vez no lo haya, pero quienes le conocemos sabemos que la salvación de nuestras almas es la mayor bendición, pues trasciende hacia una eternidad en Cristo y esto es más glorioso que una sanidad. Por supuesto que no minimizo lo grandioso de la sanidad que Dios opera, solo digo que hay más excelencia en la salvación de nuestras almas.

Todo lo vivido y adquirido en el camino me permite afirmar que lo que hoy recorro es un camino más excelente que el que solía recorrer sin Él. No implica que no tendremos aflicciones en el camino, pero tengo la promesa de una compañía soberana que nos ayudará a vencer. (Mateo 11:28-30, 28:20, Juan 14:26) Porque lo más arduo de las pruebas es recorrerlas a solas. Tener Su compañía no solo alivia la carga, sino que provee soluciones a cada situación.

Aparte de la eternidad, ¿Mejora algo el ámbito terrenal al ser salvos? Sin duda alguna, será más excelente, pues el Señor nos enseña el camino "por donde debemos" andar, dentro de planes de mayor bienestar para nuestra vida, y cuando digo mayor, me refiero a lo mejor de lo mejor.

¿Y qué hay con lo de la eternidad? Sencillo, somos seres que continuaremos viviendo después de morir, y hay dos destinos eternos: habitar por la eternidad en presencia de nuestro Padre Celestial es uno de ellos, y se trata del galardón más grande que podamos alcanzar. El otro, por el contrario, está lleno de sufrimiento. Esta es la verdad: así como existe algo mayor que la sanidad, existen muchas otras ganancias que el Padre nos otorga al caminar de su mano.

Ocurre que la vida pasa rápidamente y sin apenas darnos cuenta nos convertimos en adultos, profesionales y hasta padres de familia. Nuestros sueños y anhelos son la fuerza que nos impulsa a alcanzar mejores cosas. Esa hermosa herencia de nuestras generaciones nos motiva a luchar cada día para alcanzar cada uno de los sueños.

Pero cuando caminamos bajo los deseos de nuestros propios sueños, sin la presencia de nuestro Padre Eterno, se pierde la grandeza que habita en nosotros y que descansa en la voluntad de Dios. Entonces el afán de estos tiempos cae sobre nuestros hombros haciendo muy pesada la vida.

Vivimos luchando por sueños terrenales que llenarán nuestras almas solo por momentos, mientras desconocemos que fuimos diseñados para cosas más altas. Sí, fuimos predestinados para algo mayor y guiados por Dios, alcanzaremos caminos más altos y viviremos en nuestro real diseño.

¿Podrías detenerte un momento? ¿Quieres saber lo que Dios tiene para ti? ¿En algún momento viste lo que se pierde en el camino cuando te enfocas solo en tus sueños? A causa del afán de la vida, es posible que te parezca que ¡de repente!, tus pequeños hijos se convirtieron en jóvenes y uno de ellos comenzó a tener esa confusión en su identidad, donde llegó a sus pensamientos esa gran mentira que susurra el enemigo, la cual le dicta a su entendimiento que en su mismo sexo encontrará la persona que lo complementará perfectamente.

O será el día en que tu cónyuge dejó de mirarte con admiración y perdió ese cálido amor que lo cautivó en el pasado, y ahora no quiere estar junto a ti.

¿En qué momento tus padres envejecieron al grado que ahora necesitan tu ayuda? Tal vez quedaron en tu olvido en vez de ofrecerles la honra que deberían tener, cuidándoles dignamente para que cierren su vida en gloria.

¿Qué ocurrió? Todo pasó mientras vivíamos enfocados en nuestros sueños. Desechamos el sueño de Dios sin permitirle guiarnos, y nuestro enfoque no tuvo el equilibrio de vida que nos ofrece Su gracia.

Veo claro que uno de los objetivos favoritos del enemigo es romper las familias, eso facilita todo su proyecto, los destruye uno por uno, arrinconándolos con la opresión de sus mentiras para cada día ganar más terreno en sus planes de destrucción. ¿Pensaste ser el único que trabajaba arduamente para alcanzar sus fines? El enemigo está decidido a llevar almas a la destrucción, y parte de su estrategia es distorsionar nuestra identidad en Cristo.

¡No somos lo que contienen nuestras cuentas bancarias, ni la ropa que vestimos, los autos que conducimos o las casas que habitamos! No somos el médico, la abogada, el cajero, la cocinera, el vendedor o el empresario que atestiguan nuestras credenciales. Todo eso es solo lo que tenemos o lo que hacemos, pero no lo que somos.

¡Tampoco somos las tristezas, o los fracasos, ni los logros alcanzados! ¡Ningún título o bien adquirido, enfermedad o circunstancia momentánea nos define!

Registremos en nuestro intelecto una verdad inconmovible, y de allí los trasladamos a nuestro corazón: ¡Somos parte de un plan divino! ¡Mi propósito de vida habita en Él!

Por eso debo conocerlo cada día más, ya sea a través de Su Palabra, de nuestra intimidad en oración, en nuestra alabanza y adoración o en nuestros procesos de pruebas.

¡Hay que desenmascarar las artimañas del enemigo! Artimañas dirigidas a enfocarnos en alcanzar reconocimientos y riquezas monetarias que tienden a esclavizarnos, para destrucción de nuestras almas. (Mateo 6:19-21)

Detente y medita en qué cosas sueles pensar la mayoría del tiempo, ¿cuál sientes que es tu riqueza?, porque donde esté esa riqueza, allí estará tu corazón y para eso trabajarás y dedicarás a ello tu vida. Todo lo terrenal terminará siendo destruido, mientras que las riquezas que trabajemos para el reino de Dios serán ganancias eternas para el cielo.

¡Desenmascaremos al enemigo! ¿Eres creyente y sufres ataques de pánico? Suelen tener su raíz en áreas de nuestra humanidad que aún no se han rendido a Dios. Fortalezas negativas que se levantan en tu mente, ¡por ello es imprescindible que a través de tus procesos conozcas a Cristo revelado! Aprende a dejar que Dios trabaje en todos tus procesos de vida, ten fe, confía y descansa en Dios, quien espera que contemos y confiemos en Él. (1 Pedro 5:7)

¿Desde dónde observas los procesos? Puedes mirarlos desde la perspectiva humana o desde la mente de Cristo. Recuerda que estamos sentados en las alturas a la diestra del Padre junto a Jesús, entonces, ¿por qué aún ves las pruebas desde el punto donde se ocasionaron y no desde la mente de Cristo?

Entiende que no es bueno pensar que tenemos el control de todo, porque no lo tenemos. Mejor que aprecies que quien de verdad tiene ese control, camina a tu lado, y tu relación con Él te dará paz en medio de aquello que está fuera de tu control.

Lleva tu mente a sus conocimientos mediante una íntima relación con el Padre de las Alturas, permite esa unidad con su espíritu y que sus pensamientos se vuelvan tus pensamientos. Ponte cada pieza de la armadura que Dios revela a través de las pruebas. Ríndete a Él y solo a Él.

Que tu mente y corazón conozcan a plenitud ese amor perfecto de nuestro Dios. Conoce sus pensamientos sobre ti, créelos y abrázalos, escríbelos, decláralos y camina en ellos, porque cuando camines en acuerdo con sus dichos, los verás cumplirse.

Si para Dios un día nuestro es como mil años, ¿cómo podríamos traer a nuestro presente tanta grandeza que contienen sus pensamientos? Entrando cada día a su presencia con la actitud correcta, veremos manifestaciones de esa grandeza, y de sus planes de bienestar para nuestras vidas; se liberará Su Gracia en la atmósfera, trayendo a nosotros gran bienestar en sus altos caminos.

Tras atravesar por diversas pruebas y procesos durante la travesía de estos escritos, al Señor le plació compartirme una gran verdad con la que ministrar profundamente a mi alma y traer consuelo a mis pensamientos. En nuestra humanidad, siempre buscaremos un porqué para todo, una razón de ser para cada circunstancia que nos acontece, y junto con ello, examinaremos cuán justo o injusto pueda parecer a nuestros ojos limitados.

La realidad de todo esto es que nuestros diseños sobrepasan el entendimiento humano y fuimos creados a Su imagen con la intención de ser muy similares a Él. Nos proporcionó el vivo ejemplo de lo que quería de nosotros a través de la vida de Jesucristo. Quien, siendo Rey de reyes y Señor de señores, se hizo hombre y anduvo en justicia y amor, dando a conocer la grandeza, no de su propio nombre, sino de Aquel que lo envió, nuestro Dios.

El obsequio de Dios que te mencioné unas líneas atrás fue que abrió mi entendimiento a la verdad escrita en Mateo 6:25-34. El título de este libro, *"Desde el Lugar de la Prueba"*, tipifica cada una de las pruebas o procesos que atravesamos, donde solo si le permitimos mostrarse y aprendemos a escuchar su voz en el silencio de nuestra prueba, podremos verle revelado tal y como necesitábamos conocerle para derrotar las fortalezas en las huestes celestiales y es aquí donde seremos guiados *"hacia su luz admirable"*.

¡Somos más que lo que comemos o vestimos! ¿Acaso no tiene la vida más valor? Jesús fue carpintero de profesión y pescador de hombres, y comenzó a caminar con sus doce discípulos para multiplicarse en ellos. Él nos indicó: *"fructificad y multiplicaos"*, Él lo hizo como pescador de hombres, porque para esto vino a la tierra, para establecer el Reino de Dios y su justicia, redimiéndonos de la muerte por el pecado y haciéndonos salvos por su gracia.

¿Y crees que porque sabía para lo que había venido se le haría fácil hacerlo? Mateo 26:36-46 nos indica que, al acercarse la hora de cumplir su propósito, Jesús comenzó a entristecerse y angustiarse en gran manera, a tal grado que rogó al Padre: *"si es posible, pase de mí esta copa, pero no sea como yo quiero, sino como tú".* Y pidió a sus discípulos que orasen con Él. Los procesos duelen y nos quebrantan, pero llegan para dar a conocer la grandeza de Dios con más excelencia.

Pero, ¿qué sucede cuando tratamos de resolver nuestros procesos bajo nuestro propio entendimiento y con nuestras propias fuerzas? Producimos bajo el mismo estándar. (Mateo 26:52) Jesús, que con solo pedirlo al Padre recibiría batallones de ángeles a su favor, pero si hacía esto, ¿cómo se cumpliría lo profetizado en las Escrituras?

Regresando a la premisa de que somos mucho más que lo que comemos o vestimos, vemos que lo necesario para cumplir nuestro propósito en la vida es la vida misma, porque la Palabra nos dice *"buscad el Reino de Dios y su justicia y todo lo demás vendrá por añadidura, miremos las aves del cielo, que no siembran, ni siegan, ni recogen en graneros; y vuestro Padre celestial las alimenta. Acaso, ¿no valéis vosotros mucho más que ellas?"*

Entonces, la vida de un escogido de Dios va por encima de lo que comemos y vestimos, lo realmente importante es que al caminar por la tierra lo hagamos para el reino de Dios, según nos enseñó Cristo. La promesa es que haciendo eso *las demás cosas serán añadidas.* ¿Qué cosas serán añadidas? Todo lo que necesitamos, aún aquello que ignoramos, pues el Padre sabe cada necesidad que tenemos.

Entendamos que nuestro Dios no nos sacara del horno de prueba con un chasquido de dedos, aunque tiene el poder para hacerlo, pero esto no sería digno de su soberanía.

Él es el gran caballero que nos acompaña en el horno hasta que el proceso cumple su misión y salimos aprobados y en victoria. ¡En tus procesos se intencional para con Dios y con tu vida! ¡Haz silencio y escúchale, verás más allá de lo natural! ¡Lo imposible será posible mediante aquel que todo lo sostiene!

Solo nos resta determinar en nuestro corazón a quién dedicaremos las páginas del libro de nuestra vida. Por mi parte, ¡yo y mi casa serviremos a Jehová!

Referencias:

Mateo 6:26-30, Lucas 11:33-36

22

Espacio para Escuchar Su Voz

T e hago entonces esta pregunta: ¿Y qué ocurre si no sirves al Dios del que te estuve hablando?

Si mientras paseabas por las páginas de este libro, sentiste en algún momento que le hablaba a tu persona... Incluso ahora, observando estas letras, percibes que le hablan directamente a tu corazón y este responde con fuertes palpitaciones y una Presencia sagrada llena todo tu ser, estás experimentando un encuentro con la persona de Dios.

Es su Espíritu Santo quien toca a la puerta de tu corazón pidiéndote entrada para perdonarte, redimirte y darte un nuevo nacimiento del espíritu. (Juan 3:7-8)

Haz una confesión de fe para aceptar a Cristo. La Palabra dice que *"si confiesas con tu boca al Señor Jesús, y crees en tu corazón que Dios le levantó de los muertos, serás salvo"*.

Si no sabes cómo hacerlo, te invito a que levantes esta oración:

"Señor, me arrepiento sinceramente, y te pido que perdones mis pecados, y me dirijas en este nuevo caminar para conocerte, obedecerte y perfeccionarme en tu amor.

Creo que tu hijo Jesucristo murió por mis pecados y que fue levantado por ti. Creo en ti como único y exclusivo Salvador y Señor de mi vida, e invito a Jesús a gobernar y reinar en mí, desde este día en adelante, en el nombre poderoso de Jesús, amén".

¿Qué continúa después de esto para cumplir con lo que confesamos?

Debemos congregarnos en una iglesia; una con cuya visión y misión conectemos, para así ser parte de ella y crecer cada día, siendo edificados y santificados en Él. Conocerle más nos ayudará a identificar sus planes para con nosotros y nos dirigirá a encontrar nuestra verdadera identidad en Él. Siendo constantes al congregarnos y permitir al Señor obrar en nuestras vidas, iremos creciendo en su amor y compartiremos armoniosamente con esta nueva familia el pan de la enseñanza.

Encontrarás personas difíciles de tratar, ¡sí, las habrá!, pero aún ellos son necesarios para ayudarnos desarrollar nuestro carácter en Cristo e ir desechando actitudes arraigadas que traemos del mundo. Tanto nosotros como ellos seremos parte de esa extensión de Dios en la tierra. Aunque somos todos diferentes e imperfectos, iremos perfeccionándonos en su amor y complementándonos como cuerpo de Cristo.

¡Sí, busca una iglesia y permite que el Señor transforme cada rincón de tu alma!

Pon manos a la obra y prepárate, equipa tu armadura con todo lo entregado por Dios a tu vida y sé enviado. Qué cada lugar que pises pueda ver tu transformación y sentir que llegó Cristo a ese lugar.

Que la atmósfera se llene de Su esencia a través de tu vida, con su presencia en ti.

¡Pasa ahora a ser intencional dentro del Reino de Dios!

23

Epílogo

Y, ¿qué ocurre con los hijos de Dios, los cuales no habían visto las cosas bajo las perspectivas de su verdad compartidas en este escrito?

Repasa y asimila las verdades contenidas en este escrito y hazlas tuyas. Comienza desde ahora a darle a Dios el espacio para manifestarse en cada proceso, y sé intencional con la gloria postrera que Dios obre en ti a través de cada proceso. Permite que las páginas del libro de tu vida sean hermoseadas por Su persona y cobren propósito y poder a través de la grandeza del mejor Escritor de la vida, nuestro Padre Celestial, y comienza a gozarte en su plenitud.

¡Qué cada proceso escrito desde el lugar de la prueba sea dirigido hacia Su luz admirable para dar a conocer la grandeza de su nombre!

24

Acerca de la Autora

Ivelisse Santiago

I velisse Santiago es una apasionada de Dios, su familia, la belleza de la naturaleza y la magia que encierran los libros. Desde 1996, comparte su vida con su esposo, José Milán, y juntos han criado a sus tres hijos: Janiel, Nashira y Valerie. Con una sólida formación académica en Educación Infantil y una maestría en Teología, Ivelisse ha dedicado más de diez años a liderar el ministerio de niños en su iglesia, dejando una huella duradera en la vida de los más pequeños. Además, ha impartido diversos discipulados y actualmente forma parte del equipo de líderes de la congregación Casa de Adoración Jabes. Ivelisse reside en su amado Puerto Rico, el hermoso país donde nació.

25

Referencias

1. https://es.wikipedia.org/wiki/Crecimiento_humano

2. Scroggins, C (2018). *Cómo liderar cuando no estás al mando: Aprovechando la influencia cuando no tienes autoridad.* Editorial Vida

3. Healy. B (2018). *El velo: Una invitación al reino invisible.* Casa Creación.

4. Healy. B (2018). *El velo: Una invitación al reino invisible.* Casa Creación.

5. Healy. B (2018). *El velo: Una invitación al reino invisible.* Casa Creación.

Los capítulos 7 y 8 contienen notas sacadas de la Biblia de Estudio para Mujeres, con comentarios, notas, artículos bíblicos, cita marcadora, concordancia y mapas a todo color, versión Biblia Reina Valera, 1960. © 2017.

B&H Español, una división de Holman Bible Publishers. Todos los derechos reservados. Usadas con permiso.

Made in the USA
Columbia, SC
27 March 2026

80959945R00114